Imágenes

Instructor's Resource Manual

Communicative Activities
Video Transcript for the *Imágenes* Video
Test and Quiz Bank and Answer Key
Audio Script and Answer Key for the Lab Manual

Debbie Rusch
Boston College

Marcela Domínguez
Pepperdine University

Lucía Caycedo Garner
University of Wisconsin–Madison, Emerita

HOUGHTON MIFFLIN COMPANY   BOSTON   NEW YORK

Publisher: Rolando Hernández
Sponsoring Editor: Amy Baron
Development Manager: Sharla Zwirek
Senior Development Editor: Sandra Guadano
Editorial Assistant: Erin Kern
Project Editor: Shelley Dickerson
Senior Manufacturing Coordinator: Priscilla J. Bailey
Senior Marketing Manager: Tina Crowley Desprez

CREDITS

Tape program music composed and arranged by Jaime Fatás and Miguel Ángel Blanco.

Page 8, bottom right is courtesy of LJ Regan/Getty Images. All other photos on pages 8–9 courtesy of Wide World Photos.

Illustrations
Stephanie O'Shaughnessy: pages 10, 11, 14, 15
Walt Fournier: pages 12, 13, 16, 17, 18, 19, 24, 25, 26, 27
Will Winslow: page 79
Joyce A. Zarins: pages 88, 92

Printed in the U.S.A.

ISBN: 0-618-13406-9

1 2 3 4 5 6 7 8 9- VG -06 05 04 03 02

CONTENTS

INTRODUCTION

The Instructor's Resource Manual contains the following:

- Brief description of all *Imágenes* ancillary components
- Communicative activities
- Instructor's Notes to accompany the *Imágenes* Video
- Transcripts for the *Imágenes* Video
- Test and Quiz Bank including:
  - Suggestions for testing oral skills and open-ended writing
  - Tests and quizzes
  - Audio Script for the listening comprehension sections
  - Answer Key for the Test and Quiz Bank
- Audio Script for all activities in the Lab Manual
- Answer Key for all activities in the Lab Manual

Components of *Imágenes*

Activities Manual

Workbook. The goal of the Workbook activities is to provide students the necessary practice with chapter functions and their respective lexical and grammatical aspects to ensure a high degree of mastery. The Workbook activities are designed to give students practice at both the skill-getting and the skill-using phases. Direction lines are in English through Chapter 9 and in Spanish thereafter.

Each chapter of the Workbook (except the preliminary chapter) is made up of four parts:

- *Práctica mecánica I:* To be done after studying the first grammar explanation in the textbook

- *Práctica comunicativa I:* To be done after completing the activities in the *Gramática para la comunicación I* section in the textbook

- *Práctica mecánica II:* To be done after studying the second grammar explanation in the textbook

- *Práctica comunicativa II:* To be done after completing the activities in *Gramática para la comunicación II,* and before any chapter quizzes or exams

A **Repaso** section follows each odd-numbered chapter and provides review of key concepts such as **ser** and **estar,** and preterit and imperfect. Answers to all of the Workbook activities are provided in the separate Workbook Answer Key, which may be packaged with the Activities Manual free of charge for students, at the discretion of the institution. Some of the more open-ended activities list suggested answers or give tips for correction.

Lab Manual. The Lab Manual is designed to develop pronunciation and listening comprehension skills. The audio program is comprised of voices from various parts of the Hispanic world. Sound effects help provide realistic settings and aid comprehension. Direction lines for the recorded activities are in English through Chapter 9 and in Spanish thereafter. The Lab Manual contains the direction lines for each activity as heard on the tape or CD as well as the written and illustrated material that is coordinated with the recordings.

The general organization of each Lab Manual chapter is as follows:

- *Mejora tu pronunciación:* This section contains an explanation of the targeted sounds for the chapter, followed by practice activities, and can be done at the beginning of the corresponding textbook chapter.

- *Mejora tu comprensión:* This section contains varied task-oriented listening comprehension activities. Each activity focuses on the functions (with coordinated lexical and grammatical components) introduced in the corresponding chapter of the textbook. For example, based on a description of a woman's likes and dislikes, students must select the appropriate man for her; students take down a telephone message while listening to a phone conversation. This section should be done after studying the second grammar explanation and prior to any tests or quizzes.

- Each lesson concludes with the corresponding conversations from the textbook so that students have a chance to listen to these outside of class. The conversations also are provided on a separate cassette or CD for use by the instructor in class.

Answers to all of the Lab Manual activities are located in the Instructor's Resource Manual.

Online Activities Manual

An online version of the printed Activities Manual includes automatic feedback for the student and grade book features for the instructor.

Audio Program

The recorded program of audio CDs or cassettes is available to institutions upon adoption of the textbook. The cassettes or CDs can also be purchased by students through the university bookstore. The recorded lessons are designed to take students about forty to fifty minutes to complete. Students often are instructed to listen to a recording more than once in order to complete the corresponding activity in the Lab Manual. Approximate running times for each chapter are provided in the table of contents of the Instructor's Resource Manual.

Two audio components are available for use by the instructor. The Student Audio CD contains the recording of the textbook chapter conversations for use in class. It is provided to students and instructors with the textbook. The Instructor's Test Cassette contains the listening comprehension portions of the chapter quizzes and tests.

Instructor's Resource Manual

Communicative Activities. The first section of the Instructor's Resource Manual contains additional communicative activities that can be duplicated for use in class.

Instructor's Notes for the *Imágenes* Video and Transcripts. The Instructor's Notes for the *Imágenes* video contain a description of the format and the content, and general suggestions on how to use the video.

Test and Quiz Bank. The Test and Quiz Bank section of the Instructor's Resource Manual consists of four parts:

- Suggestions for testing oral skills and open-ended writing
- Tests and quizzes
- Audio Script for the listening comprehension activities in the tests and quizzes
- Answer Key for the Test and Quiz Bank

Suggestions for Testing Oral Skills and Open-Ended Writing

Open-ended interview items and role-play cards, offered every three lessons, give students an opportunity to engage in extended discourse. It is suggested that, as much as possible, oral interviews be conducted as normal conversations rather than as strict question/answer tests. It is recommended that the instructor conduct at least one oral interview with each student per semester or trimester.

Instructors who want to give students additional writing practice—or who want to supplement the evaluation of writing skills that is done in the tests, quizzes, workbook, and textbook activities—will find suggested composition topics for every chapter in the Topics for Writing section.

Tests and Quizzes

The Test and Quiz Bank offers two ready-to-copy versions (A and B) of quizzes for each textbook chapter, except for the Preliminary Chapter. Quiz B is more open ended than quiz A. There is also one ready-to-copy exam for Chapters Preliminary–3, 4–6, 7–9, and 10–12. These tests and quizzes cover all major functions, vocabulary, and grammar presented in the chapters. Instructors should feel free to modify these tests and quizzes to reflect their individual objectives and goals. The Instructor Class Prep CD-ROM includes a modifiable version of the tests and quizzes.

Quizzes are designed to take approximately 25–30 minutes and tests are estimated to take an entire class period, or approximately 50 minutes. To facilitate grading, each quiz is worth 50 points and each test, 100 points. Suggested point values are given for each section to aid instructors in correction.

Each test and quiz begins with a listening comprehension activity (**Comprensión**) that checks students' understanding of a short conversation, monologue, advertisement, etc. These conversations are recorded on the Test Cassette that accompanies *Imágenes*. When administering the **Comprensión** portion of the tests and quizzes, follow this procedure:

- Read through the instructions to the activity with students.

- Give students a moment to skim the questions, graphs, or whatever else they will need to complete.

- Tell students they will hear the tape twice.

- Play the tape twice.

The remaining sections of each exam and quiz test student knowledge of the vocabulary and grammar needed to carry out functions stressed in the chapter, along with reading comprehension and controlled written expression, through a variety of activities. These include fill-ins, multiple choice, matching, true/false, cloze paragraphs, question/answer items, incomplete conversations, personalized questions, and paragraph writing. Most activities are contextualized and many integrate more than one topic from a chapter.

Audio Script for the Test and Quiz Bank

The Audio Script for all listening comprehension activities in the tests and quizzes follows the Test and Quiz Bank in the Instructor's Resource Manual.

Answer Key for the Test and Quiz Bank

The Answer Key follows the Test and Quiz Bank Tapescript in the Instructor's Resource Manual. It provides exact answers to most exercises. Where variation is possible, suggested answers are given.

Audio Script and Lab Manual Answer Key. The last section of the Instructor's Resource Manual contains a written script of the recorded program that accompanies *Imágenes* and the Lab Manual Answer Key. The answer key can be duplicated and distributed to students for self-correction. Another alternative is to have the answer key on file in the language laboratory.

Instructor Class Prep CD-ROM

The Instructor CD-ROM contains the complete testing program so that instructors can make desired changes to quizzes and tests to suit the needs of individual classes. It also includes the audio and video scripts, answer keys to the lab manual and testing program, the sample syllabi and lesson plan from the Instructor's Annotated Edition, as well as other resources for instructors.

Imágenes Multimedia CD-ROM 1.0

The dual-platform multimedia CD-ROM that accompanies *Imágenes* helps students practice each chapter's vocabulary and grammar, and provides immediate feedback so that they can check their progress in Spanish. Each chapter includes art- and listening-based activities and the opportunity to record selected responses to help students develop their reading, writing, listening, and speaking skills. A glossary of vocabulary from the text and a grammar reference provide immediate support to students as they work.

The CD-ROM also contains the complete *Imágenes* video and activities relating to a short clip from each of the six episodes. Cultural information and activities enable students to learn more about aspects of Hispanic culture presented in the video. The activities can be assigned before or after watching the complete video or anytime after studying the information in *Gramática para la comunicación II*.

Additional features of the CD-ROM include direct links to the textbook web site and a scoring feature to track student progress.

Imágenes Video

The *Imágenes* Video contains six episodes of cultural segments and interviews filmed in Argentina, Ecuador, Mexico, Puerto Rico, and Spain specifically for *Imágenes*. The episodes, each lasting approximately 8–12 minutes, correspond by function and theme to the chapters in the textbook. Hosted by Mariela and Javier, two Hispanics who serve as commentators and interviewers as they travel and interact with other people, the episodes include greetings; interviews with students about their studies, university, and leisure activities; a wedding and a religious holiday; a look at city life; a visit to a restaurant's kitchen; and samples of music and dance. A supplementary segment, *Las Madres de la Plaza de Mayo,* provides a moving testimony to Argentina's recent past.

Varied pre-, while-, and post-viewing activities, located in the *Imágenes* section at the end of each even-numbered chapter in the textbook, are designed for use within a single class period. Video viewing may also be assigned. The Instructor's Resource Manual includes notes and teaching suggestions and a transcript of the video.

Overhead Transparencies

In order to facilitate dynamic classroom presentation, the set of 32, full-color transparencies includes maps of the Hispanic world and reproductions of many of the drawings in *Imágenes*. A correlation sheet suggests textbook chapter sections in which to use each transparency.

Imágenes Web Site

The Student Web Site contains search activities corresponding to each chapter in the text, links to cultural resources for each chapter, ACE Practice tests, flashcards, and MP3 files of the Student Audio CD. The search activities relate to the chapter themes and functions, allowing students to reinforce their language skills while exploring Hispanic culture. The ACE exercises offer video-based practice using short clips from the *Imágenes* Video and vocabulary and grammar self-tests with answer correction and review tips so that students can check their progress in Spanish. ACE Plus exercises provide additional vocabulary and grammar practice that can be used for extra practice, reinforcement of more troublesome topics, or review.

The Instructor Web Site includes an integration guide with tips for integrating the various program components, the audio and video scripts, as well as the teaching suggestions, sample syllabi, and lesson plan from the Instructor's Annotated Edition.

The web site may be accessed via spanish.college.hmco.com/instructors (or students).

Communicative Activities

Communicative Activities

This section of the Instructor's Resource Manual contains additional communicative activities that can be duplicated for use in class. There is one activity per chapter starting with Chapter 1. These are information gap activities in which pairs of students perform tasks by exchanging information. Student A has information that Student B needs and Student B has information that Student A needs; together, they complete the task by sharing the information. These activities increase student communication time and provide a natural motivation for speaking. For suggestions on how to work with communicative activities, see the Instructor's Guide at the beginning of the *Imágenes* Instructor's Annotated Edition.

Fill out the following card with information about yourself.

Primer apellido

☐☐☐☐☐☐☐☐☐☐☐☐

Segundo apellido

☐☐☐☐☐☐☐☐☐☐☐☐

Nombre

☐☐☐☐☐☐☐☐☐☐☐

Edad

☐☐

Ciudad natal

☐☐☐☐☐☐☐☐☐☐

Estado

☐☐

Número de teléfono

☐☐☐ ☐☐☐ ☐☐☐☐

En caso de emergencia llamar a:

Primer apellido

☐☐☐☐☐☐☐☐☐☐☐

Segundo apellido

☐☐☐☐☐☐☐☐☐☐☐☐

Nombre

☐☐☐☐☐☐☐☐☐☐

Número de teléfono

☐☐☐ ☐☐☐ ☐☐☐☐

Parentesco[1]: ——— Padre ——— Madre

——— Otro/a (especifique relación _____)

[1]Relationship

You are a student helping with registration at your school. Ask the student who is registering questions to complete the following card. Since this is a conversation between two young people, you will address your partner in a familiar manner. When you are finished, switch roles. Ask questions like:

You begin by saying: *Buenos días. ¿Cómo te llamas?*

Primer apellido

Segundo apellido

Nombre

Edad

Ciudad natal

Estado

Número de teléfono

En caso de emergencia llamar a:

Primer apellido

Segundo apellido

Nombre

Número de teléfono

Parentesco[1]: _____ **Padre**   _____ **Madre**

_____ **Otro/a**   **(especifique relación** _____ **)**

[1]Relationship

Fill out the following card with information about yourself.

Primer apellido
☐☐☐☐☐☐☐☐☐☐☐☐

Segundo apellido
☐☐☐☐☐☐☐☐☐☐☐☐

Nombre
☐☐☐☐☐☐☐☐☐☐☐

Edad
☐☐

Ciudad natal
☐☐☐☐☐☐☐☐☐☐☐

Estado
☐☐

Número de teléfono
☐☐☐ ☐☐☐ ☐☐☐☐

En caso de emergencia llamar a:

Primer apellido
☐☐☐☐☐☐☐☐☐☐☐☐

Segundo apellido
☐☐☐☐☐☐☐☐☐☐☐☐

Nombre
☐☐☐☐☐☐☐☐☐☐☐

Número de teléfono
☐☐☐ ☐☐☐ ☐☐☐☐

Parentesco[1]:   —— Padre   —— Madre

—— Otro/a   (especifique relación _____)

[1]Relationship

You are registering for classes. Your partner, who works at the registration desk, will ask you a series of questions based on the preceding information. Your partner will begin. When your partner has finished, reverse roles and fill out the card below with information from your partner.

Primer apellido

Segundo apellido

Nombre

Edad

Ciudad natal

Estado

Número de teléfono

En caso de emergencia llamar a:

Primer apellido

Segundo apellido

Nombre

Número de teléfono

Parentesco[1]:   _____ Padre   _____ Madre

_____ Otro/a   (especifique relación _____)

[1]Relationship

You are talking to your new business partner and are trying to get his/her plans for the week. You both have just started a company that sells sports equipment. Fill out the following calendar with your partner's schedule.

You know he/she will be traveling on business. If he/she goes to any of the following cities, you have some specific things for him/her to do.

Use phrases like:

Necesito saber tus planes para esta semana.
¿Qué vas a hacer el lunes por la mañana?
¿Vas a... ?
En Valdivia tienes que...

Your partner will begin.

> Copiapó: Vender raquetas de tenis a la tienda Tres Gatos
> Valparaíso: Hablar con 1340 AM sobre anuncios comerciales en la radio
> Valdivia: Vender bicicletas a la tienda Ciclimundo
> Punta Arenas: Hablar con el agente de Rafael Serna (el futbolista)

lunes: _____
_____
martes: _____
_____
miércoles: _____
_____
jueves: _____
_____
viernes: _____
_____
sábado: _____
_____
domingo: _____
_____

Your business partner is calling you to get your schedule for the week. The two of you have just started a company that sells sports equipment. The following is a list of things that you are going to do this week. Use expressions such as:

Tengo que...
Voy a...

You begin by answering the phone and saying: *¿Aló?*

lunes:	11:00 hablar con el abogado 4:10 viajar a Valdivia en tren
martes:	trabajar con Jorge Ramírez (director del Club Vidasana) por la mañana, comer con Pablo Camacho (un amigo), 5:30 regresar a Santiago en tren
miércoles:	ir a Viña del Mar, visitar la compañía C.A.CH. (Club Atlético de Chile), ir al campo de golf con un amigo, regresar a Santiago por la tarde
jueves:	9:00 hablar con el abogado de la compañía, trabajar en la oficina, ir a Valparaíso por la tarde
viernes:	hablar con el director de I.B.M. por la mañana, ver un partido de fútbol con mi padre
sábado:	visitar a mis padres en Valparaíso
domingo:	regresar a Santiago por la noche

Capítulo 3: ¿Quién es?

Your partner is thinking of a well-known living or fictitious person. Your job is to ask him/her questions to determine who this person is. You may want to determine physical appearance, age, occupation, where he/she lives, etc. Your partner can only respond by saying **sí** or **no**. When you have guessed the identity, switch roles. Repeat as many times as you like. Here is a list of famous people for your partner to guess:

1. Barbara Bush

2. Martha Stewart

3. Ricky Martin

4. Antonio Banderas

5. Eddie Murphy

6. Shaquille O'Neal

7. ???

You may want to make a game of this by awarding a point for each question asked. The person who determines the correct identities while asking the least number of questions is the winner.

You begin by saying: *¿Es mujer?* *¿Es político/actor/etc.?* *¿Es joven?*

B Capítulo 3: ¿Quién es?

Think of a well-known living or fictitious person that your partner will know. Your partner will try to determine who it is by asking you questions. Answer your partner's questions by responding **sí** or **no**. Do not offer any extra information. When your partner has guessed the identity, switch roles and guess one of the people on your partner's list. Here is a list of famous people for your partner to guess:

1. Whoopi Goldberg

2. Billy Crystal

3. Ted Kennedy

4. Shakira

5. Ozzy Osbourne

6. Bob Vila

7. ???

You may want to make a game of this by awarding a point for each question asked. The person who determines the correct identities while asking the least number of questions is the winner.

Your partner will begin.

Hazle preguntas (*Ask questions*) a tu compañero/a para completar el siguiente mapa del tiempo de Argentina. Uds. van a intercambiar información. Usa expresiones como:

¿Qué tiempo va a hacer mañana en... ?
Mañana va a hacer...
Va a estar...
Va a...
Va a hacer... grados.

Tú empiezas diciendo: *¿Qué tiempo va a hacer en Mar del Plata mañana?*

B   Capítulo 4: El tiempo de mañana

Hazle preguntas *(Ask questions)* a tu compañero/a para completar el siguiente mapa del tiempo de Argentina. Uds. van a intercambiar información. Usa expresiones como.

    ¿Qué tiempo va a hacer mañana en... ?
    Mañana va a hacer...
    Va a estar...
    Va a...
    Va a hacer... grados.

Tu compañero/a va a empezar.

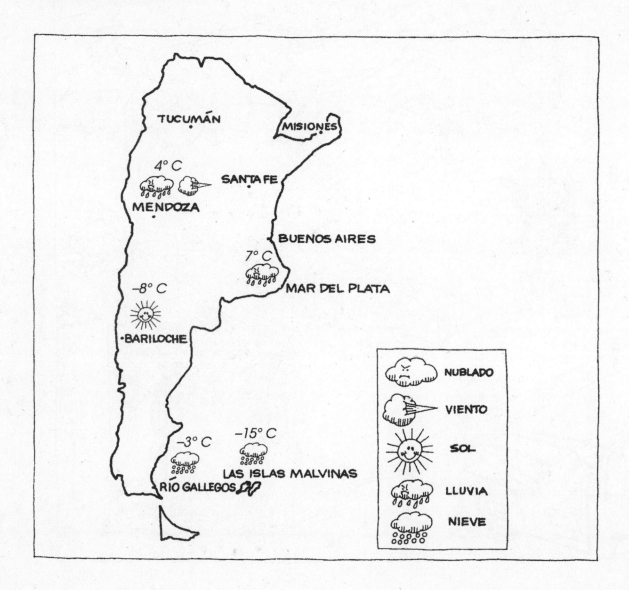

       COMMUNICATIVE ACTIVITIES   11

Tu compañero/a y tú tienen dibujos *(drawings)* similares pero no exactamente iguales. Hay siete diferencias. Describe tu dibujo y hazle preguntas sobre su dibujo a tu compañero/a para encontrar las diferencias.

Tú empiezas diciendo: *Hay una mujer que está nadando.*

B Capítulo 5: Encuentra las siete diferencias

Tu compañero/a y tú tienen dibujos (*drawings*) similares pero no exactamente iguales. Hay siete diferencias. Describe tu dibujo y hazle preguntas sobre su dibujo a tu compañero/a para encontrar las diferencias.

Tu compañero/a va a empezar.

COMMUNICATIVE ACTIVITIES 13

A Capítulo 6: ¿Cómo es tu familia?

Éste es tu árbol genealógico (tú eres la persona en el círculo). Averigua el nombre, ocupación y edad de las personas de la familia de tu compañero/a. Intenta reproducir su árbol genealógico. Cuando termines, tu compañero/a te va a hacer preguntas sobre tu familia para reproducir tu árbol genealógico. No debes darle información extra—sólo debes contestar sus preguntas. Hazle preguntas específicas como:

¿Cómo se llama tu padre?   ¿Qué hace tu hermano?
¿Cuántos hermanos tienes?   ¿Cuántos años... ?

Tú empiezas diciendo: *Hola, ¿cómo te llamas?*

Éste es tu árbol genealógico (tú eres la persona en el círculo). Tu compañero/a te va a hacer preguntas sobre tu familia para reproducir tu árbol genealógico. No debes darle información extra—sólo debes contestar sus preguntas. Cuando tu compañero/a termine, hazle preguntas para reproducir su árbol genealógico. Averigua el nombre, ocupación y edad de las personas de su familia. Hazle preguntas específicas como:

¿Tienes hermanos?   **¿Qué hace él?**
¿Cómo se llama tu tío?   **¿Cuántos años tiene... ?**

Tu compañero/a va a empezar.

Silvestre Estalón Días, dentista, 87 años

MARTA VIÑOLAS

Silvia, economista, 58 años

Daniel Olivas Viña, policía, 54 años

Rufina Tamaya, secretaria, 45 años

Paco, ingeniero, 56 años

Cris, dentista, 25 años

Darío, enfermero, 30 años

Ana Mansio Soto, profesora, 28 años

Marta, agente de viajes, 24 años

Jorgito

Entrevista a tu compañero/a para ver si es una persona romántica. Intenta obtener información con detalles. Después, tu compañero/a te va a hacer algunas preguntas también. Usa los dibujos para hacer las preguntas. Haz preguntas como:

¿Cuándo fue la última vez que... ?
¿Cuánto tiempo hace que... ?
¿Qué pasó?
¿Con quién... ?

Tú empiezas diciendo: *Vamos a ver si eres muy romántico/a.*

Tu compañero/a te va a hacer algunas preguntas para ver si eres una persona romántica. Después, tú vas a entrevistar a tu compañero/a para ver si es una persona romántica. Intenta obtener información con detalles. Usa los dibujos para hacer las preguntas. Haz preguntas como:

¿Cuándo fue la última vez que... ?
¿Cuánto tiempo hace que... ?
¿Qué pasó?
¿Con quién... ?

Tu compañero/a va a empezar.

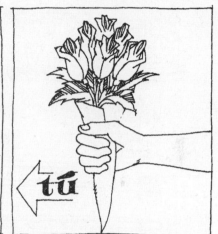

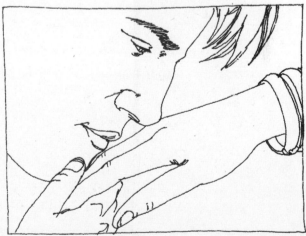

Tú eres el/la asistente de un diseñador *(interior decorator)* que va a decorar la sala de la casa de un cliente. Tu jefe te va a llamar para explicarte el diseño. Aquí tienes el plano de la sala y los muebles. Mientras te describe dónde va cada cosa, debes dibujarla en el plano. Usa expresiones como:

¿Dónde pongo el sofá? Y la mesa, ¿dónde la pongo?

Tú empiezas diciendo: *¿Aló?*

B Capítulo 8: La decoración

Tú eres un diseñador *(interior decorator)* e hiciste un diseño para la sala de la casa de un cliente. Llama a tu asistente para describirle dónde poner los muebles. Usa expresiones como:

Quiero que pongas la mesa... , A la derecha quiero que... y Debes poner la mesa enfrente de....

Tu compañero/a va a empezar.

Tú y tu compañero/a son médicos/as en el hospital de la Cruz Roja. Acaban de recibir un corazón para un transplante, pero desafortunadamente hay cuatro pacientes que necesitan este corazón. Habla con el/la otro/a doctor/a sobre tus pacientes y decidan a quién le van a dar el corazón. Usa expresiones como:

¿Cómo está el paciente C?
Es una persona que...
Es mejor que...
No creo que sea bueno...
(No) Estoy de acuerdo porque...

Tú empiezas diciendo: *Tenemos poco tiempo. Hay que decidir quién va a recibir el corazón.*

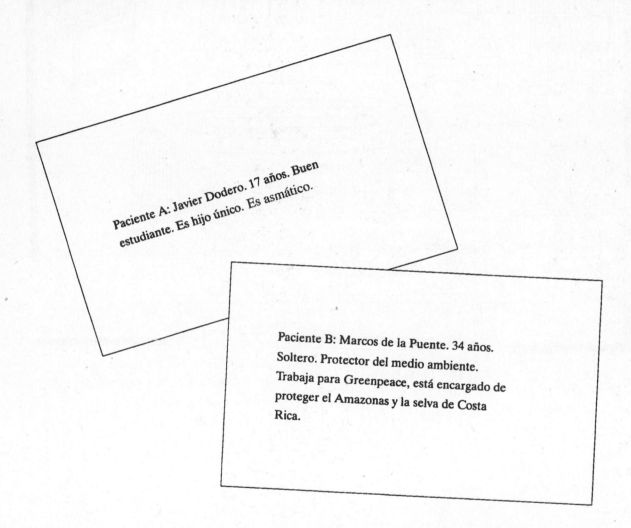

Paciente A: Javier Dodero. 17 años. Buen estudiante. Es hijo único. Es asmático.

Paciente B: Marcos de la Puente. 34 años. Soltero. Protector del medio ambiente. Trabaja para Greenpeace, está encargado de proteger el Amazonas y la selva de Costa Rica.

B   Capítulo 9:   ¿Quién va a recibir el corazón?

Tú y tu compañero/a son médicos/as en el hospital de la Cruz Roja. Acaban de recibir un corazón para un transplante, pero desafortunadamente hay cuatro pacientes que necesitan este corazón. Habla con el/la otro/a doctor/a sobre tus pacientes y decidan a quién le van a dar el corazón. Usa expresiones como:

¿Cómo está el paciente C?
Es una persona que...
Es mejor que...
No creo que sea bueno...
(No) estoy de acuerdo porque...

Tu compañero/a va a empezar.

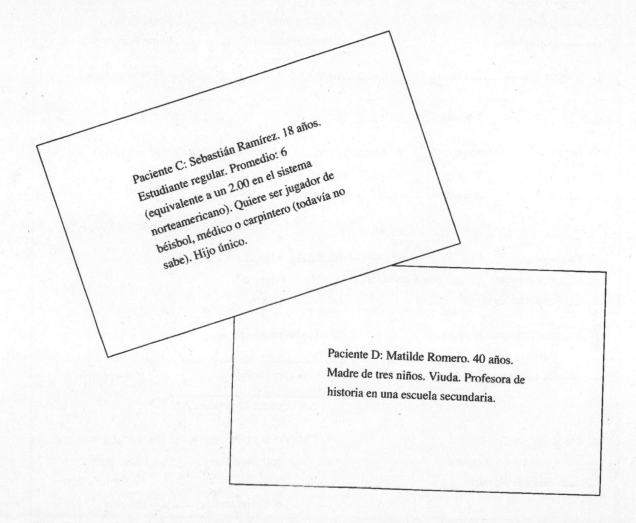

Paciente C: Sebastián Ramírez. 18 años. Estudiante regular. Promedio: 6 (equivalente a un 2.00 en el sistema norteamericano). Quiere ser jugador de béisbol, médico o carpintero (todavía no sabe). Hijo único.

Paciente D: Matilde Romero. 40 años. Madre de tres niños. Viuda. Profesora de historia en una escuela secundaria.

COMMUNICATIVE ACTIVITIES   21

A   Capítulo 10:   Te conozco

Ya debes conocer a los otros estudiantes de tu clase bastante bien. Completa el siguiente cuestionario marcando tus respuestas con √. Después, completa el mismo cuestionario marcando con **x** lo que piensas que va a contestar tu compañero/a. Cuando termines, compara las respuestas de tu compañero/a con tus predicciones. Usa frases como:

Sí, ya lo sabía porque...   **Tienes razón...**
Te equivocas porque...   **Yo creía que...**

Tu compañero/a va a empezar.

---

1. Prefiero comer...
— — galletas
— — papas fritas

2. Prefiero películas de...
— — Denzel Washington   — — Hugh Grant
— — Keanu Reeves   — — Drew Barrymore

3. Anoche estudié _____ horas.
— — 0   — — 2
— — 1   — — 3 o más

4. ¿Trabajas?
— — sí
— — no

5. ¿Viajaste el verano pasado?
— — sí
— — no

6. Tengo ——— hermanos.
— — 0   — — 2
— — 1   — — 3 o más

7. Me encantan...
— — los perros
— — los gatos

8. Soy una persona muy...
_____
(adjetivo)

_____
(adjetivo: compañero/a)

9. Este verano...
— — voy a viajar   — — voy a estudiar
— — voy a trabajar

10. Por la mañana soy como un...
— — tigre
— — gatito

11. Normalmente me acuesto...
— — tarde
— — temprano

12. Me fascina jugar al...
_____
(un deporte)

_____
(un deporte: compañero/a)

13. Me gusta más...
— — montar en bicicleta
— — montar en moto

14. Cuando era pequeño/a, me identificaba más con...
— — Bart Simpson   — — Bam Bam
— — Tweetie   — — la Pantera Rosa
— — el Correcaminos   — — Snoopy

B

Capítulo 10: Te conozco

Ya debes conocer a los otros estudiantes de tu clase bastante bien. Completa el siguiente cuestionario marcando tus respuestas con √. Después, completa el mismo cuestionario marcando con **x** lo que piensas que va a contestar tu compañero/a. Cuando termines, compara las respuestas de tu compañero/a con tus predicciones. Usa frases como:

Sí, ya lo sabía porque...　　**Tienes razón...**
Te equivocas porque...　　　**Yo creía que...**

Tú empiezas diciendo: *Yo prefiero comer...*

---

1. Prefiero comer...
— — galletas
— — papas fritas

2. Prefiero películas de...
— — Denzel Washington　— — Hugh Grant
— — Keanu Reeves　　　— — Drew Barrymore

3. Anoche estudié ——— horas.
— — 0　— — 2
— — 1　— — 3 o más

4. ¿Trabajas?
— — sí
— — no

5. ¿Viajaste el verano pasado?
— — sí
— — no

6. Tengo ——— hermanos.
— — 0　— — 2
— — 1　— — 3 o más

7. Me encantan...
— — los perros
— — los gatos

8. Soy una persona muy...
_____
(adjetivo)
_____
(adjetivo: compañero/a)

9. Este verano...
— — voy a viajar　— — voy a estudiar
— — voy a trabajar

10. Por la mañana soy como un...
— — tigre
— — gatito

11. Normalmente me acuesto...
— — tarde
— — temprano

12. Me fascina jugar al...
_____
(un deporte)
_____
(un deporte: compañero/a)

13. Me gusta más...
— — montar en bicicleta
— — montar en moto

14. Cuando era pequeño/a, me identificaba más con...
— — Bart Simpson　— — Bam Bam
— — Tweetie　　　 — — la Pantera Rosa
— — el Correcaminos — — Snoopy

Acabas de volver de tus vacaciones de Navidad con unos amigos y estás hablando con otro/a amigo/a que también acaba de volver de sus vacaciones. Pasaste cinco días en el sur de España. Di qué tiempo hacía y qué hiciste cada día. Luego di si te gustó o no el viaje. Usa las fotos que tienes aquí para hablar de tu viaje. Antes de empezar a hablar piensa en los siguientes detalles: quiénes fueron contigo, qué hiciste en cada lugar, si te gustó, etc. Usa expresiones como:

Fuimos a...   **Mientras nosotros... de repente...**
Era muy bonito; había...   **Después...**
Me gustó porque...   **Al día siguiente...**
Hacía calor; por eso...   **Más tarde...**

Tú empiezas diciendo: *¿Qué tal pasaste las vacaciones?*

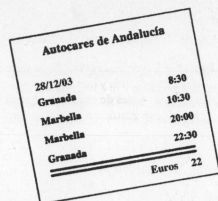

Autocares de Andalucía

28/12/03		8:30
Granada		10:30
Marbella		20:00
Marbella		22:30
Granada		
	Euros	22

Día 3   Playa de Marbella

Día 4   La Alhambra - Palacio moro, Siglo XIII

Catedral de Granada - Tumbas de Isabel y Fernando (los Reyes Católicos)

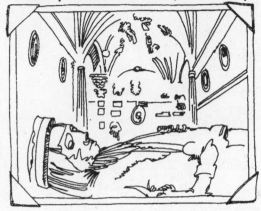

Día 5

B | Capítulo 11: Las fotos de mi viaje

Acabas de volver de tus vacaciones de Navidad con unos amigos y estás hablando con otro/a amigo/a que también acaba de volver de sus vacaciones. Pasaste cinco días en Puerto Rico. Di qué tiempo hacía y qué hiciste cada día. Luego di si te gustó o no el viaje. Usa las fotos que tienes aquí para hablar de tu viaje. Antes de empezar a hablar piensa en los siguientes detalles: quiénes fueron contigo, qué hiciste en cada lugar, si te gustó, etc. Usa expresiones como:

Fuimos a...
Era muy bonito; había...
Me gustó porque...
Hacía calor; por eso...

Mientras nosotros... de repente...
Después...
Al día siguiente...
Más tarde...

Tu compañero/a va a empezar.

Día 1 Playa enfrente del hotel

Día 2 La Playa de Luquillo

Día 3 Mañana de compras

El Morro-fortaleza en San Juan

Día 4 El Yunque (único bosque pluvial en territorio estadounidense)

Día 5 Huracán

Isla paralizada: ¡noche en el lobby!

COMMUNICATIVE ACTIVITIES   27

Tienes que averiguar información para tu clase de *Geografía del hemisferio occidental*. Para completar la tarea rápidamente, un/a compañero/a y tú se dividieron el trabajo. Averigua qué cosas sabe tu compañero/a y completa la tabla a continuación. Usa frases como:

   ¿Sabes cuántos... ?   **¿Me puedes decir cuántos... ?**

Tu compañero/a va a empezar.

Geografía del hemisferio occidental

Países:	Número de habitantes
Brasil	_____
Estados Unidos	278.058.881
México	_____
Zonas metropolitanas:	
Nueva York	20.100.000
San Pablo	_____
México	18.100.000
Territorio:	**Kilómetros cuadrados**
Brasil	_____
Canadá	9.970.610
Estados Unidos sin Alaska y Hawai	_____
Ríos:	**Kilómetros de largo**
Paraná	3.999
Amazonas	_____
Misisipí	3.779
Volcanes activos:	**Metros de altura**
Guallatiri, Chile	_____
Lascar, Chile	5.994
Cotopaxi, Ecuador	_____
Cataratas:	**Metros de altura**
Salto Ángel, Venezuela	807
Cuquenán, Venezuela	_____
King George, Guayana	488

Ahora que tienen toda la información, altérnense haciendo preguntas para prepararse para el examen. Algunas preguntas pueden ser:

   ¿Cuál es el río más... ?   **¿Cuál es más alto/a... ?**
   ¿Cuál es más grande,... o... ?   **¿Cuál tiene mayor población,... o... ?**

Tú vas a empezar.

Tienes que averiguar información para tu clase de *Geografía del hemisferio occidental*. Para completar la tarea rápidamente, un/a compañero/a y tú se dividieron el trabajo. Averigua qué cosas sabe tu compañero/a y completa la tabla a continuación. Usa frases como:

¿Sabes cuántos... ?   **¿Me puedes decir cuántos... ?**

Tu empiezas diciendo: *¿Sabes cuántos habitantes tiene Estados Unidos?*

Geografía del hemisferio occidental

Países:	Número de habitantes
Brasil	174.468.575
Estados Unidos	
México	101.879.171
Zonas metropolitanas:	
Nueva York	
San Pablo	17.700.000
México	
Territorio:	**Kilómetros cuadrados**
Brasil	8.511.965
Canadá	
Estados Unidos	9.372.571
sin Alaska y Hawai	7.825.112
Ríos:	**Kilómetros de largo**
Paraná	
Amazonas	6.437
Misisipí	
Volcanes activos:	**Metros de altura**
Guallatiri, Chile	6.060
Lascar, Chile	
Cotopaxi, Ecuador	5.898
Cataratas:	**Metros de altura**
Salto Ángel, Venezuela	
Cuquenán, Venezuela	610
King George, Guayana	

Ahora que tienen toda la información, altérnense haciendo preguntas para prepararse para el examen. Algunas preguntas pueden ser:

¿Cuál es el río más... ?   **¿Cuál es más alto/a... ?**
¿Cuál es más grande,... o... ?   **¿Cuál tiene mayor población,... o... ?**

Tu compañero/a va a empezar.

Video Program

Instructor's Notes for the *Imágenes* Video

Imágenes, a video program shot in Argentina, Ecuador, Mexico, Puerto Rico, and Spain was created specifically to accompany the textbook *Imágenes.* The program is comprised of six episodes, each lasting approximately six to ten minutes. In addition, there is an extra episode on **Las Madres de la Plaza de Mayo**, which will be discussed under *Viewing Suggestions*. Each episode can be viewed and worked with in a single class period or less. The protagonists of this video are Marisel and Javier, two Americans of Colombian, and Ecuadorian and Puerto Rican descent who study anthropology at UCLA and set out to learn about the Hispanic world. They learn how people greet each other, interview university students in different countries to learn about their university system, and also interact with other people to find out about their customs. Through interviews, music, a dance lesson, a tour of an apartment, an insider's view of a holiday, etc., students will receive an introduction to some aspects of the many cultures that comprise the Spanish-speaking world. Through the text activities (pre-, while-, and post-viewing), students will examine their own culture while observing others to make comparisons recognizing both similarities and differences. In each episode, the major linguistic functions presented in the text form the basis for the interaction among people in the video. The video episode can be shown after the corresponding textbook chapters have been presented. The episodes correlate as follows:

Imágenes video		*Imágenes* textbook
Saludos y despididas	→	Chapter 2
La vida universitaria	→	Chapter 4
Dos celebraciones	→	Chapter 6
La vida de la ciudad	→	Chapter 8
El buen sabor	→	Chapter 10
Ritmos	→	Chapter 12
Las Madres de la Plaza de Mayo	→	See *Viewing Suggestions*

Note that each episode is independent of the others and can be shown without the viewing of prior ones. Nevertheless, you may want to make sure that students understand that Marisel and Javier, the protagonists, are traveling around the Hispanic world to learn about the customs of the people.

Episode (Approximate Duration)	Start Time
Saludos y despedidas (6:25)	00:12
La vida universitaria (10:40)	06:36
Dos celebraciones (8:30)	17:15
La vida de la ciudad (7:40)	25:48
El buen sabor (8:20)	33:30
Ritmos (13:05)	41:54
Las Madres de la Plaza de Mayo (6:05)	55:00

The video section of *Imágenes* contains pre-, while-, and post-viewing activities. The activities have been created to recycle functions and vocabulary presented in the textbook and to encourage students to learn about culture through observation. The activities in the textbook that accompany each episode may be completed in one class period. All activities can be done in class and some may be assigned for out-of-class work, thus serving as the basis for written assignments. Pair and small group activities are included to help foster oral communication based on the contents of the video.

The *Imágenes* video program contains the following segments for each episode:

1. **Antes de ver:** These activities are designed to *activate background knowledge* and to *get students ready* to view the episode. This is sometimes done through prediction activities. It is important to note that students are not expected to get the *right* answer, but rather to start thinking about the subject and to familiarize themselves with vocabulary and themes that they will be viewing. They can later confirm or reject their answers while viewing.

2. **Mientras ves:** These activities give students a focus for viewing. By making them *active listeners and viewers,* students will be more involved in the viewing process. These activities are designed to be read prior to viewing the entire episode or a section of the episode. For activities that require only a portion of the episode to be viewed, a counter number is given as a reference in the margin.

3. **Después de ver:** The post-viewing activities allow instructors *to go beyond* the *who, what, where,* and *why* questions of the previous section. Here, students work more in depth with themes presented in the video. This section includes numerous paired activities. These activities are designed for in-class work, but many can easily be adapted to serve as the basis for out-of-class writing assignments.

Viewing Suggestions

When working with video, the following suggestions may be useful:

- *Before* students view the video, a pre-viewing activity should take place to orient them to what they will see. It is important to activate students' background knowledge (linguistic, lexical, and even knowledge about the world and life in general) before asking them to view a video segment.

- *While* students view, their comprehension is increased if they are active viewers. Students can be asked to carry out a task while viewing, such as answering a few questions, putting a list of events in order, or filling out a form. In the while-viewing phase, instructors need to decide whether or not to show the entire episode to students or to break it up into short manageable scenes, checking responses as each segment is completed.

- *After* viewing the program and ensuring that comprehension has taken place, students can do post-viewing activities. During this phase, students' attention can be focused on both "small c" and "large C" culture. At this time, students may be asked to re-create conversations similar to those they have seen in the video, remember and analyze cultural points they may have noticed (such as how people greet each other), or do research on related topics (for example, Simón Bolívar, Spanish painters).

Video of *Las Madres de la Plaza de Mayo*

It is suggested that you show the short segment of *Las Madres de la Plaza de Mayo* as soon as you have presented narration in the past in Chapter 11 (first **Gramática para la comunicación** section). This video can serve as a pre-viewing activity prior to assigning students to watch the movie *La historia oficial* outside of class. The movie could also be shown during class if time allows. The movie is available in most video stores and can be easily purchased for your college or university.

The following are a few suggestions for viewing the video *Las Madres de la Plaza de Mayo* and the movie *La historia oficial.*

- Pre-viewing activity: Write the words **la guerra sucia** and **los desaparecidos** on the board and ask students if the terms mean anything to them.

- Ongoing viewing activity: Have students identify the ages of the disappeared, years they vanished, and their professions.

- Post-viewing activity: Have students summarize what they saw using the preterit and the imperfect. Have students do a web search for **Las Madres de la Plaza de Mayo** and for **los desaparecidos**. The next day, they can share information with the class.

- Assign students to watch *La historia oficial.*

- Have students write a short, detailed narration of what happened in a particular scene of the movie.

- The last day of class, incorporate items from the movie to review for the final. Many major functions in Chapters 7–12 can be reviewed using the movie as a base: past narration—**¿Cómo supo Alicia que Gabi era la hija de una de las desaparecidas?** Giving advice—**¿Qué consejos tienes para Alicia? ¿Y para Gabi?** Comparison—**Compara a Ana y a Alicia**, etc.

Transcript for the *Imágenes* Video

Capítulo 2

Saludos y despedidas

(*Greetings in various locations*)

MARIELA: Hola, ¿cómo están? Soy Mariela Medina. Soy de la ciudad de Chicago en los Estados Unidos, pero mis padres son de Colombia, por eso hablo español muy bien.

JAVIER: (*Joking*) Tú hablas bien, y yo hablo super bien...

MARIELA: Ah, mi amigo Javier...

JAVIER: ¡Buenos días! Me llamo Javier García y también soy de los Estados Unidos, de Hartford, Connecticut, pero mi padre es de Ecuador y mi madre de Puerto Rico.

MARIELA: Javier y yo somos estudiantes de antropología cultural.

JAVIER: Estudiamos en la Universidad de California en Los Ángeles. No U, C, L, A como dicen en inglés, sino UCLA (*pronounces it like Spanish-speaking people do*).

MARIELA: Me gusta mucho conocer otras culturas... y ahora estoy en Suramérica para conocer, para estudiar y para observar la cultura hispana.

JAVIER: (*Correcting her*) ¿Cultura hispana? Mariela, ¡por favor! Las culturas hispanas—plural, ¿eh?

MARIELA: Es verdad. Hay muchas culturas y variedad en el mundo de habla española.

JAVIER: La gente de España...

MARIELA: ...no es como la gente de Argentina.

JAVIER: Y las personas de México...

MARIELA: ...no son como las personas de Ecuador ni las de Puerto Rico.

JAVIER: Bueno, tenemos muchas cosas en común, pero hay mucha variedad... muchas diferencias.

MARIELA: Y ahora, vamos a conocer el mundo hispano.

JAVIER: Así ustedes van a conocer nuestra cultura.

MARIELA: (*Correcting him*) Nuestras culturas.

JAVIER: Está bien. Bueno, ¿listos?

MARIELA: ¡Claro que sí! Vamos.

(*Mariela and Javier are greeting different people in different places and circumstances, revealing their confusion by "missing their marks" when saying hello to people in each place.*)

JAVIER: ¡Un momento! Creo que necesitamos... una lección.

MARIELA: Sí, tienes razón. Tenemos que observar primero.

JAVIER: (*Joking*) Sí, como buenos antropólogos.

(*Quick scenes in each city showing people of different ages greeting each other with appropriate gestures. Javier and Mariela observe.*)

MARIELA: El acento argentino es diferente, ¿no? Cantan cuando hablan. (*Imitating Argentinian accent*) Hola, ¿cómo andás? Ché, y ¿vos qué hacés? Los argentinos no dicen "tú", dicen "vos".

JAVIER:	Los mexicanos también cantan, pero es diferente. (*Imitating Mexican accent*) Qué onda, ¿qué pasó? Me gusta más como dicen "hola" y "adiós" en España.
MARIELA:	¿Por qué? El acento es muy fuerte.
JAVIER:	(*Imitating the Spanish accent*) Se dice acento.
MARIELA:	(*Imitating the Spanish accent*) Está bien... el acento de España.
JAVIER:	Pero no es el acento. Hay otra cosa que me gusta más.
MARIELA:	Entonces, ¿qué te gusta?
JAVIER:	Me gustan los dos besos cuando dicen "hola" y "adiós". (*Kissing a woman*) ¡Adiós, maja!
MARIELA:	Pero no importa el país... una cosa es verdad. En los países hispanos hay más contacto físico que en los Estados Unidos.
JAVIER:	Sí, es verdad, y es lo que más me gusta.

(*Scenes of different cities*)

(Capítulo 4) Start time: 06:36

La vida universitaria

(*Shots of Universidad Complutense, Madrid; Universidad de Buenos Aires; UNAM, Mexico City; Universidad San Francisco, Quito; and Universidad de Puerto Rico, Río Piedras*)

(*Buenos Aires*)

FLORENCIA:	Me llamo Florencia, tengo 22 años y estudio arquitectura.
ANDRÉS:	Mi nombre es Andrés, tengo 23 años y estudio diseño de imagen y sonido.
NATALIA:	Me llamo Natalia, tengo 22 años y estudio paisajismo.

(*Ciudad de México*)

MANUEL:	Mi nombre es Manuel, tengo 21 años y estudio ciencias políticas.
NICTE-HA:	Mi nombre es Nicte-ha, tengo 19 años y estudio biología.

(*Quito*)

GABRIELA:	Me llamo Gabriela, tengo 20 años y estudio cine y video.
MIGUEL:	Me llamo Miguel, tengo 19 años y estudio diseño gráfico.
MARIO:	Me llamo Mario, tengo 21 años y estudio medicina.

(*Río Piedras*)

IMELÍS:	¡Hola! Mi nombre es Imelís, tengo 19 años, estudio en la Universidad de Puerto Rico, recinto de Río Piedras, y estudio en la facultad de educación.
CARLOS:	Mi nombre es Carlos Proaño, tengo 19 años y estudio comunicación pública.
YOELIS:	¡Hola! Mi nombre es Yoelis Rosario, tengo 20 años y estudio en la Universidad de Puerto Rico en la escuela de comunicación pública.

(*Madrid*)

NÉSTOR:	Me llamo Néstor, tengo 21 años y estudio ingeniería informática.
RAQUEL:	Me llamo Raquel, tengo 20 años y estudio derecho.

VICTORIA: Me llamo Victoria, tengo 20 años y estudio periodismo en la Universidad Complutense de Madrid.

(Universidad Complutense de Madrid)

VICTORIA: *(Looking at her watch)* Llegamos temprano. Podemos tomar algo antes de clase. ¿Te gustaría comer algo?

JAVIER: No, gracias. Ahora no tengo hambre, pero sí me gustaría tomar un café.

VICTORIA: ¡Vale! Aquí en la universidad hay muchos bares.

JAVIER: La universidad es muy grande, ¿no?

VICTORIA: Sí, la Complutense es una universidad pública muy grande. Tiene 20 facultades y más de 100.000 estudiantes en dos ciudades universitarias. Ésta es la ciudad universitaria de Moncloa.

JAVIER: Esta universidad me gusta mucho. Tiene un buen ambiente... y además, las estudiantes son muy simpáticas...

VICTORIA: *(teasing)* ¡Claro! Las españolas somos muy simpáticas.

JAVIER: Pues mira, Victoria, dime, ¿cuánto dura la carrera de periodismo?

VICTORIA: La carrera de periodismo dura cinco años. Yo ya estoy en el segundo año.

JAVIER: Ah... ¿Y cuánto cuesta la matrícula de un año?

VICTORIA: La matrícula cuesta 600 euros al año.

JAVIER: Así que más o menos 400 dólares. ¡Vaya! ¡Qué barato! ¿Y dónde viven los estudiantes?

VICTORIA: Los estudiantes viven en casa con su familia, por supuesto. Algunos, pero muy pocos, viven... en colegios mayores.

JAVIER: ¿Colegios mayores?

VICTORIA: Sí, residencias estudiantiles; pero la mayoría vive con su familia.

(San Francisco de Quito)

MARIELA: ...Entonces, Mario, ¿vamos a conocer tu universidad?

MARIO: Sí, cómo no. Puedes estar conmigo todo el día. Hoy tengo cuatro clases.

MARIELA: Listo... Entonces ¡vamos!... Y dime, Mario, esta universidad es privada, ¿verdad?

MARIO: Sí, es privada; es una universidad con gran prestigio internacional.

MARIELA: ¿Cuánto cuesta la matrícula?

MARIO: Pues, en medicina, la carrera que yo estudio, la matrícula de un año cuesta aproximadamente 6.500 dólares.

MARIELA: Pero eso es mucho dinero aquí en Ecuador, ¿verdad?

MARIO: Sí... Medicina es una de las carreras más caras aquí en la universidad.

MARIELA: Y, ¿en qué año estás?

MARIO: Ya estoy en tercer año.

MARIELA: Pero, ¿cuántos años tienes?

MARIO: Tengo 21 años. Aquí en Ecuador podemos empezar a estudiar medicina después de terminar la secundaria. La carrera es de seis años.

MARIELA: ¿De veras? En los Estados Unidos es diferente, es más larga. ¿Y todas tus clases son en la Facultad de Medicina?

MARIO:	Sí, como estudio medicina, todas mis clases son en el Colegio de Ciencias de la Salud. Es igual para otras carreras; un estudiante de arquitectura, por ejemplo, tiene sus clases en el Colegio de Arquitectura.
MARIELA:	¿Colegio?
MARIO:	Sí, aquí en la Universidad San Francisco, las facultades se llaman colegios, porque imitamos el sistema de los Estados Unidos.

(Universidad Nacional Autónoma de México)

JAVIER:	En nuestro viaje por el mundo hispano, Mariela y yo visitamos varias universidades. La Universidad Nacional Autónoma de México, o UNAM, es una de las universidades públicas más grandes del mundo. Tiene más de 270.000 estudiantes. ¡Qué increíble!

(Universidad de Buenos Aires)

MARIELA:	La Universidad de Buenos Aires es diferente. Tiene muchas facultades que están localizadas en varios lugares de Buenos Aires, y no en una sola ciudad universitaria.

(Universidad de Puerto Rico)

JAVIER:	Ésta es la Universidad de Puerto Rico, en San Juan. Tiene muchos árboles y plantas tropicales, y es muy bonita, ¿verdad?
MARIELA:	Y así, hablamos con muchos estudiantes sobre la vida universitaria.
	(addressing a young man) Hola, ¿me puedes decir qué estudias y de cuántos años es la carrera?
JORGE:	Estudio literatura y la carrera es de cuatro años.
BLANCA:	Estudio filosofía y la carrera es de cuatro años.
FLORENCIA:	Yo estudio arquitectura y la carrera es de seis años.
RAQUEL:	Estudio derecho y la carrera dura cinco años.
MARIELA:	¿Cuánto cuesta la matrícula de un año en esta universidad?
FRANCESCA:	*(Madrid)* La matrícula cuesta aproximadamente unos 600 euros, que son 400 dólares más o menos.
ANDRÉS:	*(Buenos Aires)* Mi universidad es gratuita.
MANUEL:	*(México)* La matrícula de un año en esta universidad cuesta 20 centavos de un peso, que son aproximadamente tres centavos de dólar.
BLANCA:	*(Quito)* La matrícula cuesta 5.000 dólares.
MARIELA:	*(addressing a young man)* En UCLA, yo vivo en una residencia con otros estudiantes. ¿Dónde y con quién vives tú?
ANDRÉS:	Vivo solo en un departamento.
BLANCA:	Yo vivo en un departamento con mis amigos.
FRANCESCA:	Vivo en un colegio mayor con mis amigas.
MARÍA:	Yo vivo con mi familia: con mi papá, mi mamá y mis hermanos.
MARIELA:	¿Qué haces en tu tiempo libre?
NICTE-HA:	En mi tiempo libre estudio danza contemporánea.
FLORENCIA:	Me gusta correr y también voy al teatro.
NÉSTOR:	Yo los fines de semana me gusta salir con los amigos, y aparte tengo un grupo de música.
JORGE:	Me gusta escribir y leer poemas.

CAROLA:	En mi tiempo libre... bueno pues juego tenis... esto... practico baile, estudio mucho, leo revistas, veo televisión y me gusta ir a la playa; lo más que hago—ir a la playa.
MARIELA:	Mario, ¿qué haces en tu tiempo libre?
MARIO:	Pues, no sé, me gusta filmar videos, ir a comer afuera... También voy mucho al cine. ¿Te gustaría ir conmigo esta noche?
MARIELA:	¡Claro que sí! Muchas gracias.

(Capítulo 6)   **Start time: 17:15**

Dos celebraciones

(Quito)

MARIO:	¡Con esta cámara nueva me siento como todo un director de cine! Mira, te conté que fui a Buenos Aires, ¿verdad? Pues, allí filmé la boda de mi prima Laura. ¿Te gustaría verla?
MARIELA:	¡Por supuesto!
MARIO:	Entonces, la podemos ver ahora mismo.
MARIELA:	¡Claro que sí! ¡Qué bueno!

(Looking at a tape of the wedding)

MARIELA:	Pero, ¿ésta es la boda?
MARIO:	Sí, es la ceremonia civil. Hay dos, la ceremonia civil y la religiosa. Unos días antes de la boda religiosa, hay una ceremonia civil en un juzgado. Sólo asisten los amigos y parientes íntimos.
MARIELA:	Ah, es una ceremonia muy sencilla...
MARIO:	Ahora sí, Mariela, prepárate para una producción fantástica: la ceremonia religiosa y la gran fiesta...
MARIO:	Se casaron a las nueve de la noche, que es típico en Buenos Aires, y como ves, todo el mundo se viste super elegante.
MARIELA:	¡Qué bonita está la novia! ¡Y el vestido es bellísimo!
MARIO:	Sí, ¡el vestido costó un ojo de la cara! Y a mi tío no le causó ninguna gracia.
MARIELA:	¿Y los padrinos, dónde están los padrinos? ¿No entran con la novia?
MARIO:	Allí están, los padres de ella y los padres de él. Están en el altar al lado de los novios.
MARIELA:	¡Ah! Es que los padres son los padrinos. Ahora entiendo.
MARIELA:	¿Y esto? ¿Ya son los votos matrimoniales?
MARIO:	Sí, y después de todo, el gran beso... ¡Fin!
MARIO:	En la fiesta, los novios abren el baile con un vals y luego la novia baila con el padre. Y después viene lo mejor: la fiesta sigue con música más popular. Es típico bailar rock, pero hoy en día también está de moda bailar merengue y salsa.
MARIELA:	¿Así que les gustan los ritmos del Caribe? Los argentinos saben lo que es música buena, ¿ah? ¿Y esas cintitas qué son?
MARIO:	Ah, las cintas... Una tradición muy argentina; es que en la torta de boda, se ponen unas cintas con un dije o adorno atado en la punta. Todas las mujeres solteras tiran de estas cintitas y se dice que a la muchacha que le sale un anillo, va a ser la próxima en casarse.
MARIELA:	Ah, como cuando la novia tira el ramo de flores...

MARIO:	Ésta es la parte de la fiesta que más me gustó... Cuando la fiesta está en lo mejor, empieza el carnaval: todos se ponen máscaras, antifaces, plumas en la cabeza, pelucas y sigue el baile.
MARIELA:	¡Que chistoso! Oye, pero parece una fiesta muy larga... ¿A qué hora terminó?
MARIO:	¡Huy! A altas horas de la madrugada. Como a las seis de la mañana. Entonces desayunamos y luego ¡nos fuimos a dormir! Yo me divertí mucho.

(Mexico City)

JAVIER:	Esta calavera de azúcar es para mi gran amiga Mariela... Para decirle que pienso en ella. Y para desearle que su día, el de su muerte, sea feliz. —No, no estoy loco. Estoy en México, donde la gente tiene una relación muy especial con la muerte. Aquí el dos de noviembre, el Día de los Muertos, es una fiesta, una celebración familiar de los vivos con sus muertos.
JAVIER:	¿Qué hacen ustedes aquí en México para celebrar la visita de sus parientes muertos?
MUJER:	Vamos al cementerio, a limpiarles sus tumbas, a… preparar para… esperarlos el día.
JAVIER:	¿Y ustedes llevan ofrendas?
WOMAN:	Sí.
JAVIER:	¿Qué tipo de ofrendas?
WOMAN:	Flores de cempazuchitl, velas, incienso, pan, y en algo en especial, lo que le gusta al difunto.
JAVIER:	Los mexicanos creen que el dos de noviembre, los espíritus de los parientes muertos visitan a la familia. Como esta visita es sólo una vez al año, preparan sus casas para recibir a los espíritus. También preparan las tumbas en los cementerios.
	(Talking to a man on the street) ¿Cómo celebran en tu casa el Día de los Muertos?
MAN:	En la casa el Día de los Muertos lo celebramos colocando un altar, el cual lleva comida, fruta, el tradicional pan de muerto, veladoras, agua, sal.
JAVIER:	¡Un altar en la casa! Y en el cementerio, ¿cómo lo celebran?
MAN:	En el cementerio lo celebramos con un rosario, llevándoles flores, acompañándolos.
JAVIER:	Como todo es una ceremonia, un ritual para el muerto, se quema un incienso llamado copal y se prenden muchas velas para que los espíritus puedan encontrar el camino. Es un espectáculo increíble... Todas estas velitas iluminando la noche.
	La familia se reúne en la tumba y allí con comida, bebidas y música, todos comparten y celebran la vida de los seres queridos que se fueron, pero que sólo regresan por esta noche.
	Los mexicanos no le tienen miedo a la muerte. Viven con ella. Y esto es evidente cuando vemos las celebraciones del Día de los Muertos en México.

(Capítulo 8)   **Start time: 25:48**

La vida de la ciudad

JAVIER:	Quiero volver a Madrid este verano y por eso una amiga me dio el número de Carmen Fernández. Como muchos españoles, ella toma un mes de vacaciones en agosto. ¡Ojalá que me alquile su apartamento! ¿Usted es Carmen Fernández?...
CARMEN:	Ay, Javier, seguro... el amigo de Debbie. Encantada de conocerte.
JAVIER:	Exactamente; un placer, un placer.
CARMEN:	Oye, perdóname porque vengo tarde, porque he ido al banco y se me ha pasado la hora... ¿Llevas mucho rato esperando?
JAVIER:	No se preocupe señora, acabo de llegar.

CARMEN: Pero no me trates de "usted", por favor, porque es que me siento muy mayor, y oye, me siento joven... Pasa, entra.

JAVIER: Está bien...

CARMEN: Ven Javier, pasa. Bienvenido a mi casa.

JAVIER: Muchas gracias.

CARMEN: Es una latita de sardinas, pero bueno, espero que te guste. Éste es el hall, que es muy chiquitito. Y ahora te voy a enseñar el... el salón comedor.

JAVIER: Se ve muy bonito.

CARMEN: Ven, pasa. Éste es el salón comedor. Como puedes ver, es pequeño, pero creo que es... bueno, es luminoso y es bastante confortable tener la sala de estar y la sala de comedor... Yo creo que es acogedor. Te enseño el resto de la casa, ven.

JAVIER: Perfecto; es muy bonito.

CARMEN: Éste es el dormitorio. El apartamento tiene dos dormitorios; éste es el mío. El de mi hija está al fondo. Y bueno, pues... como ves, está completo.

JAVIER: Muy bien; me gusta.

CARMEN: Bueno, éste es el cuarto de baño. Como puedes ver la bañera, la ducha, el servicio... ¡Es todo!

JAVIER: Me parece muy bien.

CARMEN: Y ésta es la cocina, que... bueno, está equipada de todo. Aquí tienes la nevera, el lavavajillas, lo que es la cocina propiamente, el horno, la lavadora... bueno, tiene la cafetera; está equipada de todo, como te he dicho, con todo el utillaje...

JAVIER: Me parece muy bien.

CARMEN: Pues nada, pues vamos.

JAVIER: Vamos.

CARMEN: Bueno, pues ya hemos visto la casa. ¿Qué te parece?

JAVIER: Me gusta mucho. Me parece que está muy completa.

CARMEN: Pues, perfecto. Lo bueno que tiene es que está muy bien situada. ¿Qué te parece si vemos un poco el barrio?

JAVIER: Me parece perfecto.

CARMEN: Pues venga, vámonos.

JAVIER: ¡Vamos!

(*outside*)

CARMEN: Pues mira, en esta zona tenemos bancos, supermercados, un bar, una farmacia... Como ves, hay muchas casas nuevas y también viejas... Y vive mucha gente joven en el barrio. Y muchos inmigrantes también. Y como ves, puedes venir andando al mercado. Todo está muy cerca.
   Aquí en la plaza vas a tener el supermercado, la biblioteca, tienes bares y restaurantes, con lo cual comida y bebida no te van a faltar.

JAVIER: Pues no tengo que buscar más. Encontré el apartamento perfecto en el mejor barrio de Madrid. ¡Aquí me quedo yo!

CARMEN: ¡Me alegro, vamos!

(Buenos Aires)

MARIELA: Para saber de la vida diaria de una ciudad lo mejor es hablar con la gente del lugar. Hace unos días conocí a Viviana Domínguez y hoy, me habla de la vida diaria de Buenos Aires.

(*Speaking to Viviana*) Siempre que viajo, me gusta conocer los lugares donde realmente vive y trabaja la gente de la ciudad. ¿Qué lugares me recomiendas que visite para conocer la vida diaria de la gente en Buenos Aires?

VIVIANA: Bueno, si quieres conocer la rutina de la gente que trabaja, te recomiendo empieces en la Plaza San Martín...

En la mitad de la plaza hay un monumento en homenaje al General San Martín, el libertador de Argentina. Alrededor de la plaza hay edificios muy bonitos, de distintas épocas y estilos. Por ejemplo, allí puedes ver el primer rascacielos de Latinoamérica. Es uno de los edificios de apartamentos más elegantes de la ciudad.

De la Plaza San Martín empieza la calle Florida, que es una calle comercial y de muchas oficinas. Allí están todas las oficinas céntricas de Buenos Aires. Éste es el centro financiero de la ciudad. Hay muchos bancos, está el Banco Central, está la City...

MARIELA: ¿Y qué es la City?

VIVIANA: Es como Wall Street.

MARIELA: ¡Ah! Es como la bolsa.

VIVIANA: Sí, exactamente.

MARIELA: Y la gente en las oficinas, ¿qué horario tiene?

VIVIANA: De nueve o diez de la mañana hasta seis o siete de la tarde.

MARIELA: ¿Y van a la casa o salen a almorzar?

VIVIANA: Salen a almorzar. Almuerzan entre las doce y la una. A la hora del almuerzo puedes ver a mucha gente de las oficinas que sale a almorzar a los restaurantes de la calle Florida. Generalmente llevan pantalones grises, camisa a rayas y saco azul. ¡Parece un uniforme! Todos se visten igual...

MARIELA: Y después del trabajo, ¿qué hacen?

VIVIANA: Algunos se van a la casa, otros se toman un café y algunos profesionales jóvenes van a los pubs cercanos. Te recomiendo que vayas a uno de estos pubs a eso de las siete, cuando empieza el "happy hour".

MARIELA: ¿El happy hour? ¡Qué chévere!

VIVIANA: Sí, te va a encantar...

MARIELA: ¡Me fascina Buenos Aires—es una ciudad que tiene mucha vida!

(Capítulo 10) Start time: 33:30

El buen sabor

JAVIER: Para mí, una de las mejores maneras de conocer a la gente es a través de su comida. Mi abuela siempre me decía el refrán: "Dime con quién andas y te diré quién eres"...pero yo que soy tan comilón lo cambiaba siempre y decía: "Dime qué comes y te diré quién eres."

Y para comprobar mi teoría, estoy aquí en la ciudad de México, para ver qué comen los mexicanos.

JAVIER: Perdón, es la primera vez que como en esta taquería y no sé qué pedir. ¿Qué tacos me recomiendan?

MÓNICA: Pues yo te recomiendo los tacos de carnitas; son los más populares en esta taquería...

EDGAR: No, yo te recomiendo los tacos al pastor; ésos son los mejores.

JAVIER:	¿Por qué? ¿Cómo son los tacos al pastor?
MÓNICA:	(*pointing at the "rotisserie"*) ¿Ves esa carne que está allá dando vueltas? Es carne de cerdo para los tacos al pastor. Se va asando con el fuego que ves en la parte de atrás. Para hacer un taco, primero se corta la carne, se pone a la tortilla y se añade un trocito de piña.
JAVIER:	¿Piña?
EDGAR:	Sí, suena raro, pero es muy sabroso. Después se le pone frijoles, salsa roja y limón.
JAVIER:	¡Se ve delicioso! Y ahora, viene lo más fácil: comérselo... (*drops the filling*)
MÓNICA:	(*laughing*) No, no es tan fácil. Porque comerse un taco como es debido, es un arte... Mira bien, te voy a enseñar.
	Primero, el taco debe comerse de pie, en honor al rey, porque el taco es el rey de las comidas. Después, se inclina hacia delante, como reverenciando al rey.
JAVIER:	(*bending forward*) ¿Así?
MÓNICA:	Sí, así, muy bien... Ahora, se extienden los brazos y las manos hacia delante para no mancharse la ropa...
JAVIER:	(*frustrated*) Se sigue cayendo...
MÓNICA:	No te preocupes...
JAVIER:	Sin duda, se puede decir que los mexicanos son unos "maestros" en el arte de comer tacos...

(*Madrid*)

JAVIER:	Para seguir comprobando mi teoría, "dime qué comes y te diré quién eres", vamos a un restaurante muy popular en el barrio de Salamanca en Madrid. Se llama "La Corralada". Allí nos están esperando para enseñarnos todo acerca de las delicias de la comida española. Estoy seguro de que este restaurante les va a encantar.
JAVIER:	Hola, Charo. ¿Cómo estás?
CHARO:	¡Hola, Javier! ¿Qué hay? ¿Qué tal estás?
JAVIER:	Placer verte.
CHARO:	Muy bien. Me alegro.
JAVIER:	Tienes un ambiente muy bonito en tu restaurante. Me encanta.
CHARO:	Gracias. Pues siéntate por favor, y ya charlamos.
JAVIER:	Tenía una pregunta: ¿Qué tipo de comida se sirve aquí?
CHARO:	Pues mira, aquí es... tradicional... casera, que viene más bien del norte, del norte de España, que es Cantabria, y son platos típicos de allí.
JAVIER:	¿A qué hora sirven la comida aquí?
CHARO:	Empezamos a la una, pero la hora de más gente es entre... las dos y media y tres y media. Luego por la noche servimos cenas desde las nueve hasta las doce.
JAVIER:	Me parece perfecto. Me encantaría ver la cocina, ¿podemos?
CHARO:	Sí, cómo no, yo te la enseño. Pasa... ¡Hola, Paquita!
PAQUITA:	¡Hola, buenos días!
CHARO:	Mira, ella es Paquita, nuestra cocinera. Él es Javier. Él es amigo de Ana María, que es amiga mía.
PAQUITA:	Hola, Javier.
JAVIER:	Un placer. Ah sí, la conoce, muy bien, muy bien. ¿Qué tenemos aquí?
PAQUITA:	Pues mira, tenemos el cocido montañés—la especialidad de la casa.

JAVIER:	Perfecto. Y del día de hoy también, ¿no? ¡Perfecto! ¿Qué ingredientes tenemos?
PAQUITA:	Pues mira, se compone de alubias, carne, patatas, repollo (que suele llevar berza, pero hoy lleva repollo), lleva morcilla, chorizo y tocino.
JAVIER·	Ah, muy bien, muy bien... Y entonces ahorita estaba cortando...
PAQUITA:	...un poquito de perejil.
JAVIER:	Perejil. Muy bien, perfecto. ¿Y cómo se prepara?
PAQUITA:	Pues mira, eh... Se ponen las alubias a cocer, se le pone la carne, se le echa el chorizo, la morcilla, el tocino y las patatas.
JAVIER:	Entonces yo voy a observar; le dejo hacer su trabajo. Se ve muy bien, huele muy rico—¡y eso que no se ha cocinado todavía! Así que me voy a observar por allá, ¿no? OK, gracias, Paquita, un placer. Permiso…
PAQUITA:	Muy bien, gracias.
JAVIER:	La comida española es todo un ritual, muy elaborado y muy largo: primer plato, segundo plato, postre, café y si quieres, una copa. ¡Me encanta la comida española! ¡Salud!

(Capítulo 12)   Start time: 41:54

Ritmos

MARIELA:	La música y la danza de los países hispanos revelan una riquísima variedad de formas y expresiones musicales.
JAVIER:	Reflejan el encuentro y la unión de diferentes culturas y grupos étnicos. Encontramos sus orígenes en tres continentes: África, Europa y América.
MARIELA:	Javier y yo fuimos a buscar personas y grupos que nos enseñaran su música y su baile.
JAVIER:	Encontramos músicos y bailarines fantásticos. Ahora mismo vamos a verlos....

(Sevilla, Spain)

JAVIER:	El flamenco, género musical de la región de Andalucía, al sur de España, tiene influencias de varias culturas, entre ellas la musulmana.
	Los moros del norte de África, que conquistaron España en el año 711, trajeron la religión musulmana y su cultura árabe. Ellos introdujeron el laúd, un instrumento de cuatro cuerdas, que más tarde evolucionó para convertirse en la guitarra española, la base del flamenco.
	Ahora, vamos a hablar con la señora Carmen Cubillos, maestra de danza en Sevilla. Ella da clases de flamenco a mujeres y hombres de todas las edades, y nos explica qué es exactamente el flamenco.
CARMEN:	El flamenco es cante, es guitarra y es danza. Como danza es uno de los estilos que tiene la danza española. Pues… lo bailan gitanos y "payos", cualquiera que le guste bailar se acerca a ello.
	Los instrumentos musicales… hacen papel de acompañamiento en el baile. El instrumento musical es la guitarra, simplemente. El baile es una expresión de los sentimientos que esa persona lleva adentro. En el flamenco se expresan con las manos, con el cuerpo, con el zapateo, con cabezazos, ésa es la forma—con todo el cuerpo, todo el cuerpo es importante para expresar lo que llevas dentro.

(Otavalo, Ecuador)

| MARIELA: | La música de las civilizaciones prehispánicas, o precolombinas, tenía como base intrumentos de viento y percusión. Cuando los conquistadores españoles llegaron a Suramérica en el siglo XV, trajeron con ellos la guitarra y otros instrumentos de cuerda. Los pueblos de los Andes adaptaron |

algunos de estos instrumentos y los incorporaron a su música. Así nació este ritmo que hoy conocemos como música andina.

Estoy aquí en Ecuador, con un grupo musical de Otavalo, una comunidad indígena que ha vivido en este lugar de los Andes desde hace más de mil años. Ellos nos van a enseñar su música.

Hola, ¿cómo están? Soy Mariela. Me gustaría saber cómo se llama el grupo.

MAN: El grupo se llama Ñanda Mañachi.

MARIELA: ¿Y qué significa?

MAN: El significado es de "préstame el camino" en español.

MARIELA: Me gustaría saber si tienen... ¿me puede mostrar algunos de los instrumentos?

MAN: Lo que acabamos de tocar... Los instrumentos son aquí... la zampoña, el *tabla sikus* es éste.

MARIELA: OK, ésos son los instrumentos de viento.

MAN: Sí, de viento... Son original de Bolivia.

MARIELA: Oh, muy bien. ¿Y ese instrumento que tenemos acá, cómo se llama?

MAN: Acá tenemos la bocina.

MARIELA: ¿Y me podría mostrar un poco cómo se toca?

MAN: Sí, señorita… Es un instrumento que utilizamos en el campo, para la comunicación, para cualquier actividad, ¿no? Entonces, esto es el sonido de bocina... (*plays*)

MARIELA: Muy interesante... ¿Y ese instrumento que tenemos acá, cómo se llama?

MAN: Éste es el rondador, un instrumento ecuatoriano, original ecuatoriano este instrumento.

MARIELA: ¿Nos podrías tocar un poco, por favor? (*man plays*) ¿Ahora me puedes enseñar un poco los instrumentos de cuerda?

MAN: Ya... Acá tenemos otro instrumento que utilizamos para hacer la música tradicional. Es un instrumento que se llama bandolín.

MARIELA: Bandolín. ¿Qué otro instrumento de cuerda tiene?

MAN: Tenemos aquí... el charango. Igual éste es un instrumento que es original boliviano, igual también aquí construimos con este caparazón de armadillo...

MARIELA: ¡Oh, armadillo! Armadillo es el animal...

MAN: ...El animal que hay... en las ciénagas... salen aquí también... aquí en Ecuador existen también estos animales. En esta zona de Otavalo igual existe esto por temporada de lluvias, ¿no? Es muy hermoso este instrumento. Lo que pasa es que es original boliviano, pero hacemos... para la música andina, tenemos listos estos instrumentos.

MARIELA: ¡Qué bonito! ¿Podrías tocar un poco? (*man plays*) Antes de que empiecen a tocar su próxima canción, ¿nos podría hablar acerca de cuál es el tema de sus canciones?

MAN: Las canciones son de la naturaleza que nosotros vivimos en el campo... del sonido del agua, de la naturaleza, de los pájaros... de todos los animales hacemos la música.

MARIELA: Muy lindo, muy interesante. O sea que es sobre la naturaleza en común, la vida que ustedes llevan diariamente... Muy interesante, muy lindo, muchas gracias.

(San Juan, Puerto Rico)

JAVIER: Las islas del Caribe fueron los primeros centros de la colonia española en el Nuevo Mundo. Después de su llegada, los españoles importaron esclavos africanos para hacer las labores agrícolas que en un principio realizaban los indígenas. Fue así como el Caribe se convirtió en una sociedad multirracial. La música caribeña y sus diferentes ritmos son la mejor expresión de la mezcla europea y africana.

La salsa es un ritmo que combina la música caribeña con elementos del jazz, blues y rock norteamericanos. Hay gente que dice que nació en Nueva York, pero Cuba y Puerto Rico también se disputan su origen. En San Juan de Puerto Rico hablamos con Vanessa Millán y Tito Ortos, profesores de salsa.

VANESSA: Bueno... Aquí en Puerto Rico, te puedo decir, que a diferencia de otra partes del mundo donde se baila salsa... aquí se utiliza mucho el cuerpo. ¿Qué te puedo decir? Aquí pues, se utiliza mucho el movimiento de cadera, se utilizan los brazos, se utiliza el pie y obviamente, pues hay una actitud mucho más agresiva a la hora de bailar salsa.

TITO: Bueno, cuando estás bailando salsa en parejas, lo primero que siempre digo es que debe existir una comunicación entre pareja—como todo en la vida, ¿verdad? Porque es un baile realmente de mucha comunicación. (*Vanessa and Tito dance*)

JAVIER: (*imitating a salsa move*) Bueno, Mariela, después de este viaje, tenemos que buscarnos una clase de salsa.

MARIELA: (*adopting a flamenco pose*) Mejor una clase de flamenco... Olé...

JAVIER: Pero, en serio, Mariela, en este viaje es a través de la música que más veo y siento el encuentro y la unión de las diferentes culturas y grupos étnicos que forman el mundo hispano.

(Suplemento) Start time: 55:00

Las Madres de la Plaza de Mayo

(Buenos Aires)

MARIELA: (*writing in her journal*) Hoy por la tarde las he visto: Éstas son las Madres de la Plaza de Mayo. Todos los jueves, ellas caminan por la plaza con las fotografías de sus hijos desaparecidos, para recordarle al mundo esos tiempos tan terribles y tan trágicos. Para decirle al mundo que no olvide esa guerra sucia que destruyó las vidas y los sueños de miles de personas inocentes.

(*addressing one of the mothers*) Elisa, me han dicho que ustedes, las Madres de la Plaza de Mayo, tienen más de 20 años en este lugar. ¿Por qué vienen a la Plaza de Mayo?

ELISA: Bueno, porque, cuando se implantó la dictadura impuesta por Estados Unidos... empezaron a desaparecer nuestros hijos por el gobierno militar. Y empezamos a caminar por todos los organismos de derechos humanos existentes, por el Ministerio del Interior y nos enteramos que acá en la plaza había un grupo de madres que pedía por sus hijos desaparecidos también. Es así como iniciamos—el 30 de abril de 1977—porque se llevaron nuestros hijos.

MARIELA: He visto a muchas madres en la plaza dando vueltas con carteles y fotos. ¿Quiénes son las personas?

ELISA: Eso era al principio. Llevábamos el nombre de nuestros hijos y la foto. Después socializamos la maternidad, porque nunca hubo 30.000 madres acá. Entonces pedimos por aquellos cuyas madres no podían venir a la plaza o estaban muy lejos, o por ignorancia. Entonces nosotras pedimos ahora por los 30.000 detenidos desaparecidos.

MARIELA: ¿Qué ocurrió en la época de la...

ELISA: ...dictadura? Bueno, empezaron la persecución masiva a todos los opositores políticos. Por eso desaparecieron gente... obreros, estudiantes, médicos, abogados—todas las clases sociales— jóvenes, grandes y hasta ancianos también se han llevado. Una masacre, un genocidio que hicieron. Las madres pedimos siempre por la vida, nunca aceptamos la muerte de nuestros hijos. Entonces es una asociación que lucha por la vida.

MARIELA: En medio de la noche, entraban de manera violenta en casas y apartamentos, arrancando de su hogar a hombres, mujeres, jóvenes y niños. Así, los militares detuvieron, torturaron y mataron aproximadamente a 30.000 personas inocentes. Sus familias nunca los volvieron a ver. Por eso, se les conoce como los desaparecidos.

WOMAN 1:	En 1977.
WOMAN 2:	En 1977.
WOMAN 3:	En el año 76, en octubre del '76.
ELISA:	Mis hijos, uno el... esperate... el 20 de enero de 1977 y el otro el 9 de septiembre del mismo año.
WOMAN 4:	1977.
WOMAN 1:	27.
WOMAN 2:	19 años.
WOMAN 3:	Mi hijo 19 y mi marido 47.
ELISA:	Uno 21 años y el otro 25.
WOMAN 4:	26 años.
WOMAN 1:	Era estudiante de filosofía en la Universidad de la Plata.
WOMAN 2:	Era estudiante de química de la facultad de la Plata.
WOMAN 3:	Mi hijo trabajaba y estudiaba... era... estaba en segundo año de ingeniería electrónica en la Plata... en la ciudad de la Plata, y mi marido era empleado del CONICET* (Consejo Nacional de Investigaciones Científicas y Técnicas); era investigador del CONICET.
ELISA:	Estudiaba abogacía el más chico y estaba cumpliendo con el servicio militar obligatorio. Y el otro era delegado de fábrica, Horacio—y el otro Martín.
WOMAN 4:	Mi hijo era físico nuclear.
MARIELA:	Gracias, señora.
WOMAN 4:	De nada.
MARIELA:	En 1983 se restauró la democracia. Se formó una comisión nacional para investigar y castigar a los responsables.
	Hoy en día, Argentina es un país democrático y libre, pero las madres siguen allí. A través del tiempo han mantenido viva la memoria de sus hijos, para que nunca más se repita esta historia tan dolorosa.

Test and Quiz Bank

Items for Interviews

When conducting interviews, maintain a conversational tone to help put students at ease. Include comments, reactions, and transitions between questions rather than using an impersonal question/answer format. When presenting the situations (Chapters 6–12), the student should read the directions and understand what he/she has to do. Then, begin the role play to help the student get started. For example, if the situation takes place in a store, begin by saying **Buenas tardes. ¿En qué puedo servirle?/¿Necesita Ud. ayuda?**

Capítulo 3

Dime...

> qué cosas te gusta hacer.
> qué tienes en tu apartamento o residencia.
> qué tienes que hacer hoy.
> qué te gusta hacer los sábados y los domingos.
> qué vas a hacer mañana.
> cómo es tu padre/madre/novio/novia.
> qué haces un día normal.

Describe a una o dos personas de la clase.

Capítulo 6

Dime...

> qué hiciste el verano pasado/anoche/el fin de semana pasado/etc.
> qué haces todos los días por la mañana antes de venir a clase.
> qué tiempo hace donde vives durante el año escolar.
> qué tipo de ropa se debe llevar en el invierno/la primavera/etc.
> cuándo es el cumpleaños de tus padres y qué les regalaste el año pasado.
> qué clases tienes. ¿A qué horas y qué días son?
> qué hiciste el fin de semana pasado.

Describe la ropa que generalmente llevas a clase.
Describe a tu familia. ¿Qué hacen? ¿Dónde viven? ¿Cómo son? (etc.)
Habla sobre tus últimas vacaciones. Dime adónde fuiste y qué hiciste.

Situación

Estás en una tienda de ropa y quieres comprar ropa nueva para ir a una fiesta. Tienes que hablar con el/la vendedor/a y preguntarle cuánto cuestan cuatro cosas. Después vas a comprar dos cosas.

Capítulo 9

Dime...

dónde estuviste anoche y qué hiciste.
qué haces en tu tiempo libre.

Describe el apartamento que estás buscando.
Describe el empleo perfecto que buscas.
Voy a alquilar un apartamento. ¿Qué es necesario que haga?
Describe tu casa o apartamento con detalles.
Describe cómo se prepara una ensalada.

Dime...

qué cosas son evidentes, posibles, probables e improbables en el futuro de los
    Estados Unidos.
qué piensas del presidente de los Estados Unidos.

Situación

La hija de un amigo de tus padres quiere estudiar en esta
universidad. Habla con ella, dile por qué viniste tú aquí,
pregúntale por qué quiere estudiar en esta universidad y dale
unos consejos para ayudarla.

Capítulo 12

Dime...

cómo era tu escuela primaria.
qué hacías un día normal en la escuela primaria. Y en la secundaria, ¿qué hacías?
cuál fue la última película que viste. Explícame qué ocurrió en la película.
qué hacía la gente en la última fiesta en que estuviste. ¿Ocurrió algo interesante o
    especial?

Descríbeme tus últimas vacaciones.
Háblame de deportes. ¿Te gustan? ¿Practicas alguno? ¿Qué deportes practicabas en el
    pasado?

Situación

Te sientes mal y vas a ver al médico. Explícale los síntomas
que tienes, cuándo te empezaste a sentir enfermo/a y
pregúntale qué medicinas debes tomar y dos o tres cosas que
debes hacer para mejorarte.

Topics for Writing

Capítulo 1: Write a paragraph introducing yourself and your parents. State your names, ages, where you are from, and what you do.

Capítulo 2: Write a paragraph saying what you have to do today and what you are going to do tomorrow.

Capítulo 3: Write a paragraph explaining activities students do while attending the university.

Capítulo 4: Write a paragraph describing your daily routine.

Capítulo 5: Write a paragraph describing your favorite outfit in great detail. Include materials, colors, where items were made, and so on.

Capítulo 6: Write a composition describing your family. Say what they look like, what they do, and so on.

Capítulo 7: Keep a diary for a few days saying what you did. Incorporate direct-object pronouns whenever possible.

Capítulo 8: Write a description of the apartment/secretary, spouse, professor, etc., you would like to have.

Capítulo 9: Write a paragraph expressing your opinions about the U.S. government and the future of the country, or write about the university and how the courses you are taking will help you in the future. (Use phrases such as **creo que... , dudo que...** , etc.)

Capítulo 10: Write a paragraph describing things that you think your grandparents used to do when they were your age and what you do now that is different.

Capítulo 11: Describe a fictitious or real crime/accident you saw. Be specific in your descriptions of the people and in the actions that took place.

Capítulo 12: Write a composition comparing the different members of your family or comparing different geographical areas of the United States.

Nombre _____   Fecha _____

Capítulo 1

Prueba A

I. **Comprensión.** Listen to a conversation between a policeman and a witness to a crime. Write the following information about the witness based on what you hear. You will hear the conversation twice Read the items below before listening. (10 points)

Nombre   _____

Primer apellido   _____

Segundo apellido   *Sánchez*

Nacionalidad   _____

Edad   _____

Número de teléfono   _____

II. Imagine you are writing a check in Spain. Indicate how you would write the following amounts. (3 points)

1. €54,00 _____

2. €28,00 _____

3. €62,00 _____

III. You are in a chat room and are trying to make sense of the multiple conversations that are taking place. Some of the answers may be answers to questions that were asked before you joined the chat. On your screen you have five questions and numerous responses to questions. After each question, write the username of the person that responded to each specific question asked. (5 points)

MP34:	¿De dónde es ella? _____
Loli34:	Pedro es de Ecuador.
nifunifa:	¿Tiene 30 años Roberto? _____
lallorona:	Tú eres de Colombia, ¿no? _____
rana4:	Es de Ecuador.
Azteca:	No, tiene 30 años.
NoVaMas:	Tú eres de Centroamérica, ¿no? _____
Miche:	No, tiene 27 años.
incacola:	Sí, soy peruana.
elgato:	¿Es economista tu padre? _____
mihijo:	Sí, soy colombiana.
movil1:	No, soy médico.
morenito:	Sí, soy de Costa Rica.
Pepito:	No, es abogado.
vivayo:	Mi padre es economista, también.
Loli34:	Adiós a todos.
nifunifa:	Adiós, Loli34.

IV. You decide to go into a private chat room to talk one-on-one with a person. Something strange happens: every time you get asked a question, the first word is missing. Fill in what you think the first word is and answer the questions. Remember that this is a chat room, so you may tell the truth or lie. (15 points)

1. ¿_____ te llamas?

   _____

2. ¿_____ años tienes?

   _____

3. ¿_____ se llaman tus padres?

   _____

4. ¿_____ hace tu padre? ¿Y tu madre?

_____

5. ¿_____ son Uds.?

_____

V. *(a)* Carmen is introducing herself and her parents to a group of students from different nations. First, read for the gist; then complete what she says using appropriate words. (8 points)

_____ tardes. Me _____ Carmen Rodríguez García y

_____ diez años. Mi padre _____ llama Pablo y _____

abogado. Mi _____ se llama Pilar y es economista. Nosotros somos de

_____, la capital de Chile.

(b) Answer the following questions based on Carmen's introduction. Use complete sentences. (10 points)

1. ¿De dónde son ellos? _____

2. ¿Carmen es la Srta. Rodríguez o la Srta. García? _____

3. ¿Qué hace Pablo? _____

4. ¿Cuál es el apellido de Pilar? _____

5. ¿De qué nacionalidad son? _____

Nombre _____   Fecha _____

Capítulo 1

Prueba B

I.   **Comprensión.** You will hear a conversation between a young woman registering for classes and a receptionist. Write the following information about the young woman based on what you hear. You will hear the conversation twice. Read the items below before listening. (10 points)

Nombre   _____

Primer apellido   _____

Segundo apellido   *Pérez* _____

Nacionalidad   _____

Edad   _____

Número de teléfono _____

II. Imagine you are writing a check in Spain. Indicate how you would write the following amounts. (3 points)

1. €54,00 _____

2. €28,00 _____

3. €62,00 _____

III. You are in a chat room and are trying to make sense of the multiple conversations that are taking place. Some of the answers may be answers to questions that were asked before you joined the chat. On your screen you have five questions and numerous responses to questions. After each question, write the username of the person who responded to each specific question asked. (5 points)

MP34:	¿De dónde es ella? _____
Loli34:	Pedro es de Ecuador.
nifunifa:	¿Tiene 30 años Roberto? _____
lallorona:	Tú eres de Colombia, ¿no? _____
rana4:	Es de Ecuador.
Azteca:	No, tiene 30 años.
NoVaMas:	Tú eres de Centroamérica, ¿no? _____
Miche:	No, tiene 27 años.
incacola:	Sí, soy peruana.
elgato:	¿Es economista tu padre? _____
mihijo:	Sí, soy colombiana.
movil1:	No, soy médico.
morenito:	Sí, soy de Costa Rica.
Pepito:	No, es abogado.
vivayo:	Mi padre es economista, también.
Loli34:	Adiós a todos.
nifunifa:	Adiós, Loli34.

IV. You decide to go into a private chat room to talk one-on-one with a person. Something strange happens: Every time you get asked a question, the first word is missing. Fill in what you think the first word is and answer the questions. Remember that this is a chat room, so you may tell the truth or lie. (15 points)

1. ¿_____ te llamas?

   _____

2. ¿_____ se llama tu padre?

   _____

3. ¿_____ hace él?

   _____

4. ¿_____ años tienen tus padres?

_____

5. ¿_____ son tus padres?

_____

V. Write a conversation between two young people (Ignacio and Marta) who meet for the first time. They have finished their university studies and just started their first jobs. In the conversation, include greetings, names, ages, nationalities, occupations, and saying good-by. Before starting to write, answer this question. (18 points)

Should the conversation be formal or informal? _____

Write the conversation here and include the names of the speaker for each line (the first two are provided for you).

Ignacio: _____

Marta: _____

Nombre _____   Fecha _____

Capítulo 2

Prueba A

I. **Comprensión.** Marcos and Elena are newlyweds and have to buy several items for their new apartment. Listen to their conversation and write **M** for Marcos and **E** for Elena to indicate who will purchase the item. You will hear the conversation twice. (8 points)

1. _____ jabón   5. _____ toallas

2. _____ crema de afeitar   6. _____ periódico

3. _____ café   7. _____ una lámpara

4. _____ pasta de dientes   8. _____ plantas

II. Write the correct form of the definite article (**el, la**) for each word. Write both forms if applicable. (5 points)

1. _____ abogado   6. _____ televisor

2. _____ universidad   7. _____ economista

3. _____ examen   8. _____ lápiz

4. _____ noche   9. _____ problema

5. _____ libro   10. _____ mesa

III. Write the correct plural form of each of the following words. Include the article **los** or **las**. Write both forms if applicable. (5 points)

1. clase   _____

2. ciudad   _____

3. director   _____

4. artista   _____

5. cámara   _____

6. lápiz   _____

7. programa   _____

8. bolígrafo _____

9. reloj _____

10. nación _____

IV. Read each word or expression in the first column, then find the most logical match in the second column. Write the letter of the matching response in the space provided. Use each response only once. (6 points)

1. beber _____   a. el jabón

2. comer _____   b. ¡claro!

3. ¿cuándo? _____   c. el periódico

4. escuchar _____   d. las papas fritas

5. leer _____   e. la sangría

6. ¿de veras? _____   f. hoy

                           g. la radio

V. Clara has a problem with her rowdy roommate. Complete what she says with the appropriate forms of the possessive adjectives (**mi, mis, tu, tus,** and so on). (6 points)

Tengo un problema con _____ compañera de habitación. A ella y a

_____ amigos les gusta hablar y cantar todo el tiempo. Por la noche a ella le

gusta tocar _____ guitarra. Estoy furiosa. Yo también tengo amigos, pero

_____ amigos y yo tenemos que estudiar _____ lecciones y hacer

_____ trabajo primero y después nos gusta hablar, cantar y bailar—no en la

habitación, en una discoteca.

VI. You are at a party and overhear some conversations, but the music is loud, and you can't hear every word. Complete each conversation based on what you think the people said. (5 points)

1. — ¿Qué _____ que hacer Uds. mañana?

— Tenemos que escribir una composición.

2. — ¿_____ vas a hacer el fin de semana?

— _____ a esquiar.

3. — ¿De quién _____ el estéreo?

— Es _____ Sr. Valencia.

VII. Fill in the missing days in the following schedule. (3 points including accents)

			jueves			domingo
examen de historia	aniversario de Ramón y Marta	correr 10 kilómetros	comprar calculadora	correr 10 kilómetros	ir a bailar con Carmen, Ana y José	ir a Cancún

VIII. Assume that the schedule in part VII is your own schedule. Answer the following questions based on the information given in the schedule. Use complete sentences. (12 points)

1. ¿Qué tienes que hacer el jueves? _____

2. ¿Cuándo vas a ir a Cancún? _____

3. ¿Cuándo van a ir a bailar Uds.? _____

4. ¿Cómo se llaman tus amigos? _____

5. ¿Te gusta correr? _____

6. ¿De quiénes es el aniversario? _____

Nombre _____   Fecha _____

Capítulo 2

Prueba B

I. **Comprensión.** Marcos and Elena are newlyweds and have to buy several items for
    their new apartment. Listen to their conversation and write **M** for Marcos and **E** for
    Elena to indicate who will purchase the item. You will hear the conversation twice.
    (8 points)

    1. _____ escritorio   5. _____ silla

    2. _____ crema de afeitar   6. _____ diccionario

    3. _____ champú   7. _____ pasta de dientes

    4. _____ periódico   8. _____ lámpara

II. In each of the following lists, circle the word that does not belong. (5 points)

    1. champú   crema de afeitar   cama   jabón

    2. silla   sofá   mesa   peine

    3. cepillo   lámpara   escritorio   libro

    4. periódico   libro   reloj   revista

    5. cinta   grabadora   estéreo   radio

III. Read each word or expression in the first column, then find the most logical match in
     the second column. Write the letter of the matching response in the space provided.
     Use each response only once. (5 points)

     1. comer _____   a. las novelas

     2. ¿cuándo? _____   b. la radio

     3. escribir _____   c. las toallas

     4. no importa _____   d. mañana

     5. escuchar _____   e. la tortilla de patatas

                                  f. O.K.

IV. You are at a party and overhear some conversations, but the music is loud, and you can't hear every word. Complete each conversation based on what you think the people said. (7 points)

1. — ¿Es _____ cámara?

   — No, no es mi _____.

   — Y ¿_____ _____ es?

   — Es _____ Sr. Martín.

2. — ¿_____ van a hacer Uds. el sábado?

   — _____ a bailar.

3. — ¿Qué _____ que hacer mañana?

   — Tengo que estudiar porque tengo un examen.

V. (a) Look at the following lists of things and write the appropriate article (**el, la, los, las**) for each. (5 points)

1. _____ perfumes franceses   6. _____ profesor de historia

2. _____ móviles   7. _____ computadoras Mac

3. _____ discos compactos de U2   8. _____ pasta de dientes Colgate

4. _____ ciudad de Nueva York   9. _____ videos de ciencia ficción

5. _____ jabón Ivory   10. _____ programa de los Simpson

(b) Using items in the preceding list, write four sentences to indicate the following. (6 points)

• two things you like
• two things you don't like

1. _____

2. _____

3. _____

4. _____

(c) Now look at the following activities and write two sentences to indicate what you and your friends like to do on weekends. (3 points)

bailar rock /tecno/hip hop   cantar Karaoke
correr cinco millas   ir a fiestas
mirar videos   visitar a amigos

1. Los fines de semana _____.

2. _____

VI. Fill in the missing days in the following schedule. (3 points)

	martes			viernes		
estudiar para el examen de historia	comer con Teresa y José	comprar calculadora	trabajar en Internet	nadar 5 kilómetros	ir a Cancún con Ricardo	nadar en el Caribe

VII. Assume that the schedule in part VI is your own schedule. Write two sentences to indicate what you have to do and two sentences to indicate what you are going to do and with whom. (8 points)

1. _____

2. _____

3. _____

4. _____

Nombre _____   Fecha _____

Capítulo 3

Prueba A

I. **Comprensión.** Marta wants to be a "host sister" to a foreign student. She contacts the director of the student-exchange program, who asks her a few questions about her interests and weekend activities. Listen to the conversation and complete the following form based on what you hear. You will hear the conversation twice. (9 points)

Nombre: *Marta Granados*   Teléfono *546-73-90*

Ocupación: _____

Gustos: _____   _____

              _____   _____

Preferencia de nacionalidades: _____ _____

Preferencia de personalidad: _____   _____

II. Write the opposites of the following adjectives. (10 points)

1. alto _____   4. interesante _____

2. feo _____   5. moreno _____

3. viejo _____

III. Read the sentences in the first column and match them with the most logical response from the second column. Write the letter of the response in the space provided. Use each response only once. (6 points)

1. ¿Dónde vive Ana? _____

2. Voy a la librería. _____

3. Oye, ¿vamos a la playa? _____

4. ¿Te gustaría ir al cine? _____

5. Pepe y yo vamos a la universidad

   hoy. _____

6. ¿Qué haces, Juan? _____

a. Por supuesto, me gusta nadar.

b. ¿Ella? No tengo idea.

c. Claro, me gustaría ver una película de

   ciencia ficción.

d. No te preocupes.

e. ¿Pero, por qué? Hoy es sábado.

f. ¡Ay! Necesito papel y dos bolígrafos.

g. Estoy afeitándome. No me gusta la

   barba.

IV. Patricia will be joining her friend Marta in college in the United States next month. Read her letter to Marta to get the gist; then reread it and select the appropriate infinitives. Finally, write the correct forms in the spaces provided. (15 points)

Montevideo, 18 de octubre

Querida Marta:

   ¿Qué tal? ¡Tengo muchas preguntas! ¿Dónde _____ tú en la
                                                    (necesitar, vivir)

universidad? ¿ _____ frecuentemente a la biblioteca? Y en la
                  (Llevar, Ir)

residencia, ¿las chicas _____ todos los días? ¿Qué
                           (estudiar, ir)

_____ Uds. los fines de semana? ¿Adónde
   (salir, hacer)

_____? Y tu amiga Laura, ¿qué _____ ella?
   (ser, ir)   (estudiar, vivir)

¿_____ el español? Aquí, yo _____ inglés
   (Bailar, Comprender)   (ver, hablar)

con mis amigos todos los días para practicar. Yo _____ con
                                                      (salir, leer)

ellos a un café y nosotros _____ y _____

(hablar, esquiar) (beber, comer)

café por horas; luego generalmente _____ una película en

(trabajar, mirar)

inglés en casa de un amigo. Yo _____ a casa muy tarde por la

(regresar, recibir)

noche, pero creo que ahora _____ inglés bien. Bueno, ¿te

(saber, poner)

_____ la vida en los Estados Unidos?...

(gustar, comer)

V. Marta is writing back to answer Patricia's questions. Read her letter and complete it with the appropriate forms of **ser** or **estar**. (10 points)

Boston, 6 de noviembre

Querida Patricia:

¿Qué tal? Yo _____ muy bien aquí en la universidad. Ahora

_____ un poco nerviosa porque mi examen de biología

_____ mañana. Pero en general, las clases

_____ fantásticas y mi profesor de matemáticas

_____ muy inteligente. Y las chicas de la residencia

_____ super simpáticas. ¡Una _____

enamorada de Tom Cruise! Ahora, mis amigos _____ en la

biblioteca, pero más tarde vamos a un restaurante que _____

en el centro. Mi amiga Laura, que _____ de Chicago, va con

nosotros...

Nombre _____   Fecha _____

Capítulo 3

Prueba B

I. **Comprensión.** Claudia wants to be a "host sister" to a foreign student. She contacts the director of the student-exchange program, who asks her a few questions about her interests and weekend activities. Listen to the conversation and complete the following form based on what you hear. You will hear the conversation twice. (9 points)

Nombre: *Claudia Samaniego* _____   Teléfono *675-53-32* _____

Ocupación: _____

Gustos: _____   _____

_____   _____

Preferencia de nacionalidades: _____   _____

Preferencia de personalidad: _____   _____

II. Write the opposites of the following adjectives. (9 points)

1. bajo _____   4. tonto _____

2. malo _____   5. grande _____

3. guapo _____   6. viejo _____

III. Read the sentences in the first column and match them with the most logical response from the second column. Write the letter of the response in the space provided. Use each response only once. (5 points)

1. ¿Qué haces, Juan? _____

2. Voy a la farmacia. _____

3. ¿Carlos va a ir a la playa? _____

4. Oye, ¿vamos al cine? _____

5. Perdón, ¿son tus discos

   compactos? _____

a. ¡Por supuesto! Hay una película de

   Spike Lee.

b. ¡Ay! Necesito aspirinas.

c. Estoy afeitándome. No me gusta la

   barba.

d. Porque voy a comprar discos compactos.

e. No, él tiene que estudiar.

f. Sí, ¿por qué? ¿Te gusta la música salsa?

IV. *(a)* The following sentences describe what the characters from your textbook like to do on weekends. Finish the sentences indicating where they go to do these actions. Follow the model. (6 points)

Vicente baila salsa; por eso <u>va a la discoteca</u> .

1. Diana es estudiante; por eso _____.

2. Marisel escribe en una revista de arte; por eso _____.

3. Juan Carlos es muy religioso; por eso _____.

4. A Marisel le gusta mucho Brad Pitt; por eso _____.

(b) Now choose two actions from the following list to write one sentence indicating what you like to do on weekends and where you go to do it, and another sentence indicating what you and your friends usually do on weekends and where you go to do it. (4 points)

comer
correr
hacer la tarea
nadar
salir con amigos
ver una película

1. _____

2. _____

V. Write a paragraph describing your favorite teacher from high school. Include the following information. (17 points)

- what he/she looks like
- what he/she is like
- two things he/she does on a typical day

Nombre _____   Fecha _____

Capítulos 1–3

Examen

I. **Comprensión**. Marta wants to be a "host sister" to a foreign student. She contacts the director of the student-exchange program, who asks her a few questions about her interests and weekend activities. Listen to the conversation and complete the following form based on what you hear. You will hear the conversation twice. (10 points)

> Nombre: *Marta Granados* _____   Teléfono _____
>
> Ocupación: _____
>
> Gustos: _____   _____
>
> _____   _____
>
> Preferencia de nacionalidades: _____   _____
>
> Preferencia de personalidad: _____   _____

II. Look at the following drawing of a bedroom. Draw lines to indicate eight objects that you see, and write their names. Include the appropriate indefinite article (**un, una, unos, unas**). (8 points)

III. Complete the following paragraph about two friends with the correct forms of the descriptive adjectives in parentheses. (11 points)

Alberto y Zoraida son dos amigos un poco diferentes. Ella es _____
(delgado)

y _____ y él es _____ y _____.
(moreno)   (gordo)   (rubio)

Los dos son _____, _____ y toman clases muy _____.
(inteligente)   (difícil)

A veces Zoraida está _____ y _____ en su clase
(cansado)   (aburrido)

de geología, pero ahora los dos están _____ porque tienen una
(preocupado)

prueba muy _____ mañana y no están _____.
(largo)   (listo)

IV. Read the sentences in the first column and match them with the most logical response from the second column. Write the letter of the response in the space provided. Use each response only once. (5 points)

1. ¿Dónde vive Ana? _____   a. ¿Pero, por qué? Hoy es sábado.

2. Voy a la librería. _____   b. ¿Ella? No tengo idea.

3. ¿Qué haces, Juan? _____   c. Claro, me gustaría ver una película de

4. ¿Te gustaría ir al cine? _____   ciencia ficción.

5. Pepe y yo vamos a la   d. Estoy afeitándome. No me gusta la barba.

   universidad hoy. _____   e. No te preocupes.

                               f. ¡Ay! Necesito papel y dos bolígrafos.

V. Clara is complaining to a friend about her rowdy roommate. Complete the conversation with the appropriate forms of the possessive adjectives. (6 points)

CLARA   Estoy muy enojada. Tengo un problema con _____

         compañera de habitación. Todas las noches ella y _____

         amigos hablan y cantan y es imposible estudiar. Ella toca

         _____ guitarra y todos cantan y...

ELENA   ¿Pero por qué no hablas con ella?

CLARA   ¡Es imposible porque ella no escucha! Yo también tengo amigos, pero

_____ amigos y yo estudiamos. Cuando nosotros

deseamos estudiar _____ lecciones y hacer

_____ trabajo, ella siempre pone música. ¡Es muy

antipática!

ELENA   Pero tú no eres muy simpática con ella, ¿verdad?

VI. Patricia will be joining her friend Marta in college in the United States next month.
     Read her letter to Marta to get the gist; then reread it and select the appropriate
     infinitives. Finally, write the correct forms in the spaces provided. (10 points)

                                            Montevideo, 18 de octubre

Querida Marta:

    ¿Qué tal? ¡Tengo muchas preguntas! ¿Dónde _____ tú en la
                                                (necesitar, vivir)

universidad? ¿_____ frecuentemente a la biblioteca? Y en la
              (Llevar, Ir)

residencia, ¿las chicas _____ todos los días? ¿Qué
                        (estudiar, ir)

_____ Uds. los fines de semana? ¿Adónde
(salir, hacer)

_____? Y tu amiga Laura, ¿qué _____ ella?
(ser, ir)   (estudiar, vivir)

¿_____ el español? Aquí, yo _____ inglés
 (Bailar, Comprender)   (comprar, hablar)

con mis amigos todos los días para practicar. Nosotros _____ a
                                                       (salir, leer)

un café y conversamos por horas. Bueno, ¿te _____ la vida en
                                             (gustar, comer)

los Estados Unidos?...

VII. Marta is writing back to answer Patricia's questions. Read her letter and complete it with the appropriate forms of **ser** or **estar**. (9 points)

Boston, 6 de noviembre

Querida Patricia:

¿Qué tal? Yo _____ muy bien aquí en la universidad. Ahora

_____ un poco nerviosa porque mi examen de biología

_____ mañana. Pero en general, las clases

_____ fantásticas y mi profesor de matemáticas

_____ muy inteligente. Y las chicas de la residencia

_____ super simpáticas. ¡Una _____

enamorada de Tom Cruise! Ahora, mis amigos _____ en la

biblioteca, pero más tarde vamos a un restaurante en el centro. Mi amiga Laura, que

_____ de Chicago, va con nosotros...

VIII. Paloma's co-worker's mother has come to meet her son for lunch. He is not at his desk and so she strikes up a conversation with Paloma. The mother is very nosy. Complete the conversation by writing the questions she asks Paloma. Use the formal **usted** form. (10 points)

MADRE   ¿_____?

PALOMA   Me llamo Paloma.

MADRE   ¿_____?

PALOMA   Tengo 28 años.

MADRE   ¿_____?

PALOMA   Soy de Colombia.

MADRE   ¿_____?

PALOMA   Ellos son de Colombia también.

MADRE   ¿_____?

PALOMA   No, me gusta la música clásica.

IX. Read the following paragraph to get the gist; then reread the paragraph and fill in the blanks with appropriate words. Use only one word per blank. (11 points)

Yo _____ llamo Elisa y estoy contenta porque es el primer día de

clases en mi escuela secundaria. Todos los estudiantes _____

listos para ver a sus amigos después del verano. Yo estoy contenta, pero mi hermano

está _____ porque está enfermo y no va hoy a la escuela. Mis

amigos y yo _____ a la escuela juntos *(together)*. Todos los

profesores _____ simpáticos. El señor Rodríguez es mi profesor

favorito porque es _____ y joven. Hoy tengo clase

_____ ciencias, después tengo matemáticas y mi clase favorita—

¡inglés! Me gusta _____ los libros de inglés, pero me

_____ más las composiciones. Es interesante escribir en inglés.

Después de la escuela, mis amigos y yo tenemos _____ hacer la

tarea porque esta noche salimos a comer a _____ restaurante

fabuloso.

X. Read the following questionnaire to see what information is requested. Then scan the text that follows on Carla Tortelli to find the information you need to fill out the questionnaire. (10 points)

CUESTIONARIO

Nombre: _____

Nacionalidad: _____

Edad: _____

Sexo: Masculino _____   Femenino _____

Estudiante: Sí _____   No _____   Si contesta que sí:

               Universidad _____

Trabajador/a: Sí _____   No _____   Si contesta que sí:

               Ocupación _____

Vive con: Familia _____   Amigo/a _____   Solo/a _____

Gustos: Leer: Sí _____   No _____   Si contesta que sí:

               ¿Qué lee? _____

               Mirar televisión: Sí _____   No _____   Si contesta que sí:

               ¿Qué tipo de programas? _____

               Escuchar música: Sí _____   No _____   Si contesta que sí:

               ¿Qué tipo de música? _____

Me llamo Carla Tortelli y soy de Nueva York, Estados Unidos, pero vivo en Boston, Massachusetts. Tengo 35 años y trabajo en un bar; soy camarera y me gusta mucho mi trabajo. Trabajo todos los días de 4:00 a 12:00 de la noche. Vivo en un apartamento con mis hijos. Me gusta mirar televisión y siempre miro basquetbol, béisbol y hockey. También me gusta escuchar música rock, especialmente la música de Bruce Springsteen. No tengo mucho tiempo los fines de semana porque tengo que limpiar la casa y estar con mis hijos.

XI. Write a paragraph describing your favorite musician. Use your imagination to include the following information. (10 points)

- physical description
- personality
- how the person usually feels
- at least six actions of his/her daily routine
- two future plans
- two things the person would like to do

Nombre _____   Fecha _____

Capítulo 4

Prueba A

I.   **Comprensión.** *(a)* You will listen to three people talk about their birthday. As you listen, write the date of each person's birthday as follows: If you hear, **Mi cumpleaños es el 11 de octubre**, you write **11/10.** (12 points)

	Fecha del cumpleaños	**Actividad**
Jorge	_____	_____
Luciana	_____	_____
Raúl	_____	_____

(b) Now listen to the people again and write in the chart above one activity that each person does on his/her birthday.

II. Associate each of these verbs with a part of the body. Use the appropriate definite article (**el, la, los, las**). (8 points)

♣ escuchar   *las orejas*

1. escribir   _____

2. caminar   _____

3. cepillarse _____

4. comer   _____

III. Enrique left a note for his mother. Complete his note with **a, al, a la, a los,** or **a las.** If no word is needed, leave the space blank. (8 points)

Querida mamá:

Carmen y yo tenemos que hacer muchas cosas esta tarde. Primero, vamos

_____ visitar a mi amiga Mónica que está en el hospital.

_____ ella le gustan mucho las visitas porque está aburrida.

Después, tenemos que ir _____ banco para ver

_____ Sra. Martínez. Por la tarde vamos a mirar

_____ la película *Spider-man* para la clase de cine. Finalmente,

yo voy a llamar _____ Paco para ver si va

_____ fiesta del sábado. Si va, tiene que comprar

_____ papas fritas.

                                                                    Enrique

IV. Describe the weather in each of these cities according to the weather symbols. (6 points)

Caracas   Bogotá   Buenos Aires

1. En Caracas _____ muchos meses del año.

2. En Bogotá _____ casi todos los meses.

3. En Buenos Aires _____ en el otoño.

V. Juanita Ríos is at an awards show and is discussing the celebrities with a friend. Complete their conversation with the appropriate form of the demonstratives (**este, esta... , ese, esa... , aquel, aquella...**) as cued by the words **aquí, allí,** and **allá.** (5 points)

JUANITA   ¿Quién es _____ actor que está allí?

AMIGA   Es Guillermo Estrella; y su esposa es _____ que está

            allá.

JUANITA   ¿Y los directores?

AMIGA   ¿Cuáles? Hay muchos.

JUANITA   _____ que están aquí mirando las fotos.

AMIGA   Son José y Edgar Gómez. _____ actrices que están

comiendo allá son las hermanas Verde y _____ actriz

que está aquí es su madre.

VI.   Graciela and her roommate are very different from each other. Write what Graciela
says she and her roommate do every morning before going to class. Read the
description to get the gist; then reread it and select the appropriate infinitives. Finally,
write the correct verb forms in the spaces provided. (11 points)

Mi compañera de cuarto y yo somos muy diferentes. Todas las mañanas, yo

_____ muy temprano. Voy a la cocina y
(afeitarse, levantarse)

_____ pan y leche. Después, voy al baño y
(desayunar, maquillarse)

_____. Luego _____ la ropa,
(desayunar, maquillarse)   (lavarse, ponerse)

_____ el pelo y salgo de la casa. Pero, como mi compañera de
(cepillarse, maquillarse)

cuarto _____ muy tarde todas las mañanas, no tiene tiempo
(levantarse, cepillarse)

para hacer nada. Nunca _____, no
(lavar, desayunar)

_____ la cara y nunca _____ el pijama
(maquillarse, afeitarse)   (quitarse, ponerse)

antes de salir para las clases. ¡No _____ los dientes hasta
(ducharse, cepillarse)

regresar a la casa por la noche! Eso sí, ella y yo _____ las
(maquillarse, afeitarse)

piernas todos los días.

Nombre _____   Fecha _____

Capítulo 4

Prueba B

I. **Comprensión.** *(a)* You will listen to three people talk about their birthday. As you listen, write the date of each person's birthday as follows: If you hear, **Mi cumpleaños es el 11 de octubre**, you write **11/10.** (12 points)

	Fecha del cumpleaños	**Actividad**
Viviana	_____	_____
Gabriel	_____	_____
Andrea	_____	_____

(b) Now listen to the people again and write in the chart above one activity that each person does or doesn't do on his/her birthday.

II. Associate each of these verbs with a part of the body. Use the appropriate definite article (**el, la, los, las**). (5 points)

♣   escuchar   *las orejas*

1. beber _____

2. peinarse _____

3. afeitarse _____

4. correr _____

5. mirar _____

III. Manuel left a note for his roommate. Complete this portion of the note with **a, al, a la, a los,** or **a las.** If no word is needed, leave the space blank. (8 points)

Tengo problemas en las clases de literatura y sociología; por eso, esta noche voy

_____ ver _____ mi amiga Mariana. Conoces _____ Mariana,

¿no? _____ ella le gusta mucho leer y esas clases son fáciles para ella.

¿Conoces _____ profesor Azcarate? Azcarate es el profesor nuevo y se dice que

es horrible. Después de estudiar _____ sociología y literatura, voy a comprar

_____ crema de afeitar, agua de colonia y Coca-Cola para la fiesta de mañana.

Entonces, no sé si esta tarde voy a ir _____ cafetería para trabajar.

IV. Describe the weather in each of these cities according to the weather symbols.
(8 points)

Madrid   Málaga   Barcelona

1. En Madrid, hoy _____.

2. En Málaga, _____ en julio.

3. En Barcelona, frecuentemente _____ en el invierno.

4. ¿Cuál es tu estación *(season)* favorita y por qué? _____

_____

V. Manuel is at a party, and he is asking his friend who some of the people are. Complete their conversation with the appropriate form of the demonstratives (**este, esta...** , **ese, esa...** , **aquel, aquella...**) as cued by the words **aquí, allí,** and **allá.** (5 points)

MANUEL   _____ chica que está allí es Marcela, ¿no?

AMIGO   Sí, y _____ chico que está hablando con ella es su

novio.

MANUEL   ¿Y el otro chico que... ?

AMIGO   ¿Cuál?

MANUEL   _____ que está allá bailando en la otra habitación.

AMIGO   Es su hermano. _____ señores que están aquí son sus

padres y _____ que están comiendo allí, cerca del

estéreo, son amigos de sus padres.

VI. *(a)* Imagine that you are speaking to another student at your university. Complete the following questions using **saber** and **conocer**. (3 points)

1. ¿_____ a mi profesor de historia? Es muy bueno.

2. ¿_____ cuándo es el último día de exámenes finales este semestre?

3. Voy a salir con una amiga de mi madre. ¿_____ un restaurante

bueno en esta ciudad?

(b) Now write your answers to the questions above. (6 points)

1. _____

2. _____

3. _____

VII. *(a)* Choose from the following list to write two sentences that describe your morning routine. Then write two sentences that describe your roommate's morning routine. (8 points)

afeitarse (la cara/las piernas)   bañarse
cepillarse (el pelo/los dientes)   ducharse
levantarse (temprano/tarde)   maquillarse
peinarse   ponerse la ropa

1. Por la mañana yo

a. _____

b. _____

2. Mi compañero/a de habitación

a. _____

b. _____

(b) ¿Son compatibles tu compañero/a de habitación y tú? (1 point)

_____

Nombre _____   Fecha _____

Capítulo 5

Prueba A

I. **Comprensión.** You will hear three short conversations. Answer the following
    questions based on what you hear. You will hear each conversation twice. (12 points)

    Conversación A

    1. ¿De dónde es el novio de la chica? _____

    2. ¿Dónde está él ahora? _____

    Conversación B

    1. ¿De qué colores son las dos blusas?_____ _____

    2. ¿De qué material es la blusa que compra la señora?_____

    Conversación C

    1. ¿Adónde prefiere ir el niño?_____

    2. ¿A qué hora empieza? _____

II. Look at these excerpts from a listing of television programs. Answer the questions
    that follow based on the information given. Write out the times. (6 points)

    Viernes noche

8:40	**La isla de Gilligan:** El profesor pierde el radio.
9:00	**El tiempo**
9:15	**Amigos:** Episodios 21 y 22.
10:15	**Quilapayún:** Concierto desde Caracas.
12:15	**Telediario 3**
12:35	**Teledeporte**

    ---

    1. ¿A qué hora es *El tiempo*?

    _____

    2. ¿A qué hora es *Telediario 3*?

    _____

3. ¿A qué hora es *Teledeporte*?

_____

III. Read the following incomplete statements and circle the letter of the word that best completes each. (8 points)

1. — ¿_____ ir al concierto?

   — Sí, esta noche tengo tiempo.

   a. Puedes   b. Sabes

2. No _____ nadar porque no tengo traje de baño hoy.

   a. puedo   b. sé

3. Se comenta que la fiesta privada de Brad Pitt _____ en el Club Luna.

   a. está   b. es

4. Esta blusa _____ de seda.

   a. está   b. es

5. ¿_____ quién es la camiseta roja?

   a. Para   b. Por

6. Siempre estudio _____ la noche.

   a. para   b. por

7. Mi novia estudia _____ ser abogada.

   a. para   b. por

8. — ¿_____ hora es?

   — Son las cinco.

   a. A qué   b. Qué

IV. Read the following snippets of conversation overheard at a dinner party and circle the letter of the expression that best completes each. (5 points)

1. —Oye, Juan, ¿qué quieres comer?

—Un sándwich grande porque _____.

a. tengo miedo

b. estoy ocupado

c. estoy preocupado

d. tengo hambre

2. —¿Te gusta la música?

—_____

a. No, no me digas.

b. Sí, te queda bien.

c. Sí, me fascina.

d. No, no tengo idea.

3. —Quiero ver la nueva película de Juanita Verde.

—Yo también. _____

a. Tengo frío.

b. No me digas.

c. Cuesta un ojo de la cara.

d. Se comenta que es buena.

4. —¡El presidente va a visitar mi ciudad!

—_____

a. No me digas.

b. Tengo sueño.

c. Tengo vergüenza.

d. No tengo idea.

5. —Ese traje nuevo de Versace es fabuloso.

—Sí, pero _____.

a. me fascina

b. estoy triste

c. cuesta un ojo de la cara

d. acaba de llegar

V. At the same dinner party, Marco calls his girlfriend to find out why she hasn't shown up. Complete the conversation with the appropriate forms of the verbs in parentheses. (10 points)

MARCO   ¿Dónde estás? ¿No _____? (venir, dormir)

PAULA   No.

MARCO   ¿Por qué no?

PAULA   No _____. Mi hermano Jorge _____

usar el carro. (poder, poner), (decir, querer)

MARCO   Entonces, ¿Jorge no _____ al baloncesto esta noche?

(llevar, jugar)

PAULA   No, esta noche _____ un trabajo nuevo en una pizzería.

(decir, empezar)

MARCO   Es que nosotros _____ la cena en media hora y

_____ que la tortilla española es tu comida favorita.

(servir, dormir), (llevar, saber)

PAULA   Bueno, _____ y camino las 30 cuadras *(blocks)* a la

fiesta. (decir, vestirse)

MARCO   No, es muy tarde. _____ ir a tu casa. Voy a estar allí en

una hora y media... y con tortilla. (Preferir, Perder)

ᴬULA   ¡Fantástico! Así ¡nosotros _____ la tortilla juntos!

(probarse, probar)

VI. Jorge and Elena Beltrán have just flown into Buenos Aires on business and learn that their luggage is lost. In their bags, they had the clothes they were going to wear to a meeting. To claim their lost luggage, they must fill out a form from the airline, describing the contents of the bags. Complete the form, specifying the color and the material of three lost items. (9 points)

Reclamos de LAN Chile

Nombre: _____*Jorge y Elena Beltrán*_____

Contenido: _____*unos zapatos negros de cuero,*_____

_____

_____

_____

_____

Nombre _____   Fecha _____

Capítulo 5

Prueba B

I. **Comprensión.** You will hear three short conversations. Answer the following
    questions based on what you hear. You will hear each conversation twice. (12 points)

Conversación A

1. ¿De dónde es la hija del señor? _____

2. ¿Dónde está ella ahora? _____

Conversación B

1. ¿Qué prefiere hacer la mujer esta noche? _____

2. ¿A qué hora empieza la película? _____

Conversación C

1. ¿De qué colores son los dos suéteres? _____ _____

2. ¿De qué material es el suéter que compra el señor? _____

II. Look at these excerpts from a listing of television programs. Answer the questions
    that follow based on the information given. Write out the times. (6 points)

> *Viernes noche*
>
> 8:45   **La isla de Gilligan:** El profesor pierde el radio.
> 9:05   **El tiempo**
> 9:10   **Amigos:** Episodios 21 y 22.
> 10:05   **Quilapayún:** Concierto desde Caracas.
> 12:15   **Telediario 3**
> 12:40   **Teledeporte**

1. ¿A qué hora es el concierto?

   _____

2. ¿A qué hora es *Amigos*?

   _____

3. ¿A qué hora es *Teledeporte*?

_____

III. Complete the following conversation between Andrés y Mónica with the present or the infinitive of **ser** or **estar.** (5 points)

ANDRÉS   ¿Vas a la fiesta sorpresa *(surprise)* para Ramón esta noche?

MÓNICA   Sí, pero ¿dónde _____?

ANDRÉS   En la casa de Marisol. Tienes que _____ allí a las 9:00.

MÓNICA   Bueno, y ¿Ramón sabe que hay una fiesta?

ANDRÉS   No, ahora _____ en la casa de Joaquín. Ellos

                       _____ estudiando porque tienen examen esta tarde a

                       las 3:00.

MÓNICA   ¡Dios mío! ¿Qué hora _____?

ANDRÉS   La una.

MÓNICA   ¡Huy! Tengo cita con el dentista a la 1:30. Adiós.

IV. Read the following incomplete conversations and circle the letter of the expression that best completes each. (5 points)

1. — ¿Qué quieres beber?

    — Una cerveza porque _____.

    a. tengo sueño   c. tengo hambre

    b. tengo sed   d. tengo frío

2. — ¡Qué casa más bonita! Es una mansión.

    — Sí. Y _____.

    a. te queda bien   c. no te preocupes

    b. cuesta un ojo de la cara   d. acaba de salir

3. — ¿Van a almorzar ahora?

    — Sí, son las 12:30 y _____.

    a. tenemos hambre   c. tenemos miedo

    b. tenemos vergüenza   d. tenemos frío

4. — ¿Te gusta mi carro nuevo?

— ¡Claro! _____

a. No me digas.   c. Acaba de llegar.

b. No tengo idea.   d. Me fascina.

5. — Voy a comprar una novela de Gabriel García Márquez.

— _____ que sus novelas son muy buenas.

a. Le gusta   c. Te queda bien

b. Se dice   d. Tienen miedo

V. *(a)* Choose from the following list and write four sentences that describe what a university student does on a typical day. Include times if possible. (8 points)

dormir _____ horas por día
comenzar clases
acostarse
divertirse
jugar
volver a la residencia

1. _____

2. _____

3. _____

4. _____

(b) Now look at the list again and write two sentences about what you and your friends do on a typical day. (4 points)

1. Mis amigos/as y yo _____.

2. _____

VI. Write a description of what you are wearing right now. Include material, colors, and patterns in your response. Be specific. (10 points)

_____

_____

_____

_____

_____

Nombre _____   Fecha _____

Capítulo 6

Prueba A

I. **Comprensión.** You will hear a conversation between Lucía and Débora about a friend of Lucía's and some things Lucía bought. Read the following sentences, then listen to the conversation and write **C (cierto)** if the statements are true and **F (falso)** if they are false. You will hear the conversation twice. (6 points)

1. _____ Andrea y Mauricio se casaron.

2. _____ Andrea se casó con el primo de Lucía.

3. _____ Una compañía le ofreció un trabajo a Mauricio.

4. _____ El viaje por avión cuesta 612.000 pesos.

5. _____ Ella le compró una camisa de seda negra a su esposo.

6. _____ La chaqueta de cuero costó 6.260 pesos.

II. Complete each of the following sentences with a word related either to the family or to transportation. (6 points)

1. La madre de mi madre es mi _____.

2. El hijo de mi tía es mi _____.

3. Mi padre es el _____ de mi madre.

4. El medio de transporte que va por el agua es el _____.

5. El medio de transporte que va por debajo de la calle es el _____.

6. El medio de transporte que va por el aire es el _____.

III. Mark **C (cierto)** if the following sentences are true and **F (falso)** if they are false based on the configuration of letters below. Correct any false statements by crossing out the preposition and writing the correct preposition above it. (5 points)

A	F
BC	GHI
D	JK

1. _____ La A está cerca de la K.

2. _____ La H está entre la G y la I.

3. _____ La B está a la derecha de la C.

4. _____ La H está encima de la J.

5. _____ La G está al lado de la H.

IV. Read the following statements and circle the letter of the word or expression that best completes each one. (7 points)

1. ¿Por qué fueron nuestros amigos al concierto sin _____?

   a. me   b. te   c. ti   d. yo

2. Él tiene cien millones de dólares. _____, ¿verdad?

   a. ¡Qué difícil!   b. Es riquísimo   c. Le quedan bien   d. Me fascinan

3. Elena no comió con _____.

   a. alguien   b. nunca   c. nadie   d. algo

4. Anita se casó _____ Óscar.

   a. en   b. de   c. con   d. a

5. No va a venir _____ a mi fiesta.

   a. todo   b. alguno   c. nadie   d. algo

6. Ayer salí _____ la universidad muy tarde.

   a. de   b. con   c. en   d. pero

7. Mañana hay un concierto fantástico y _____ ir.

   a. acabo de   b. no importa   c. tengo ganas de   d. no me digas

V. Pablo is writing in his journal about his first day in the United States. Read his entry to get the gist; then reread it and select the appropriate infinitives from the following verbs: **decidir, empezar, hacer, ir, jugar, llegar, regresar, ver.** Finally, write the correct preterit forms in the spaces provided. Verbs may be used more than once. (20 points)

A las 2:00 de la tarde, yo _____ a San Francisco.

_____ directamente a la casa de mis tíos y nosotros

_____ ir al centro de la ciudad. _____

muchos lugares bonitos y mi prima _____ en un parque con

otros niños. A las 5:00, nosotros _____ a la casa y mis tíos

_____ una tortilla de papas deliciosa para la cena. Más tarde,

todos nosotros _____ una película en la tele, pero yo

_____ a dormirme en el sofá y _____

acostarme. Mañana quiero levantarme temprano para ir a conocer el Golden Gate.

VI. You asked your roommate to talk to the doctor because, after an office visit, you are still sick. Complete your roommate's answers to your questions using indirect-object pronouns. (6 points)

1. — ¿Le hablaste al médico?

— Sí, _____.

2. — ¿Y él te explicó mi problema?

— Sí, _____.

3. — ¿Me compraste las aspirinas?

— No, _____.

Nombre _____   Fecha _____

Capítulo 6

Prueba B

I. **Comprensión.** You will hear a conversation between Juan and José about some things Juan bought for a present. Read the following sentences, then listen to the conversation and write **C (cierto)** if the statements are true and **F (falso)** if they are false. You will hear the conversation twice. (12 points)

1. _____ El tío Luis celebró su cumpleaños.

2. _____ Los regalos son para los primos.

3. _____ La tía va a hacer una fiesta.

4. _____ El viaje cuesta 365.000 pesos.

5. _____ Juan compró una corbata de seda negra muy barata.

6. _____ La camisa costó 30.500 pesos.

II. Complete each of the following sentences with a word related to the family and transportation. (6 points)

1. El padre de mi madre es mi _____. A él no le gusta manejar

   (drive); por eso siempre toma el _____ para ir a trabajar.

2. Mi madre es la _____ de mi padre. A ella le gustan el agua y la

   playa, y su actividad favorita es viajar en _____.

3. El hijo de mi tía es mi _____. Es muy deportista y por eso va a

   la universidad en _____.

III. Write four sentences indicating where different classmates are in the class. Use four different prepositions of location (**delante de, detrás de, cerca de,** etc....).
    (6 points)

1. _____

2. _____

3. _____

4. _____

IV. Read the sentences in the first column and match them with the most logical response from the second column. Write the letter of the response in the space provided. Use each response only once. (6 points)

1. Sabes, ayer vi a Enrique Iglesias en una cafetería. _____

   a. Es decir que echó la casa por la ventana.

2. ¿Qué quieres hacer esta noche? _____

   b. ¡Qué hombre más guapo!

3. Fui a Puerto Rico en Navidad. _____

   c. ¿Viajaste en barco?

4. ¿Te gusta la corbata de ese hombre? _____

   d. ¡Huy! Es requetefea.

5. ¿Hay alguien contigo en tu casa? _____

   e. Nada. Estoy muy cansado.

6. Mi padre organizó una fiesta para mi madre con 150 personas. _____

   f. No, no hay nadie. Estoy solo.

   g. ¿Fuiste en autobús?

V. You are calling your roommate from school because you want to find out if he/she has done the errands for tonight's party as you had asked. Complete his/her answers using indirect-object pronouns. (6 points)

1. — ¿Y les hablaste a Carlos y a Tomás?

   — Sí, _____.

2. — Bien. ¿Y Carlos te dio el teléfono de su hermana?

   — No, _____.

3. — Bueno. ¿Y me compraste las papas fritas y la cerveza?

   — Sí, _____.

   — Entonces, todo está listo para la fiesta.

VI. *(a)* Mark in the following chart what you did last weekend and whether you did these things alone or with friends.

	solo/a	con amigos/as
comer en un restaurante	_____	_____
ir al cine	_____	_____
llegar tarde a casa	_____	_____
jugar con la computadora	_____	_____
hacer la tarea	_____	_____
asistir a un concierto	_____	_____
ver un partido de fútbol	_____	_____
estudiar en la biblioteca	_____	_____
ir a bailar	_____	_____

(b) Now write an email to your parents describing what you did last weekend and whether you did things by yourself or with friends. Use expressions like **el sábado, más tarde,** and **después** to connect your ideas. (14 points)

_____

_____

_____

_____

_____

Nombre _____   Fecha _____

Capítulos 4–6

Examen

I. **Comprensión.** You will hear a conversation between Lucía and Débora about a friend of Lucía's and some things Lucía bought. Read the following sentences, then listen to the conversation and write **C (cierto)** if the statements are true and **F (falso)** if they are false. You will hear the conversation twice. (12 points)

1. _____ Andrea y Mauricio se casaron.

2. _____ Andrea se casó con el primo de Lucía.

3. _____ Una compañía le ofreció un trabajo a Mauricio.

4. _____ El viaje por avión cuesta 612.000 pesos.

5. _____ Ella le compró una camisa de seda negra a su esposo.

6. _____ La chaqueta de cuero costó 6.260 pesos.

II. Complete each of the following sentences with a word related either to the family or to transportation. (5 points)

1. La madre de mi madre es mi _____.

2. El hijo de mi tía es mi _____.

3. Mi padre es el _____ de mi madre.

4. El medio de transporte que va por el agua es el _____.

5. El medio de transporte que va por el aire es el _____.

III. Read the sentences in the first column and match them with the most logical response from the second column. Write the letter of the matching response in the space provided. Use each response only once. (5 points)

1. Pagué $500 por una noche. _____   a. Tengo ganas de ir al cine.

2. ¿Le gusta mi falda? _____   b. Sí, echaron la casa por la ventana.

3. ¡Hicieron una fiesta grandísima! _____   c. ¡Qué hotel más caro!

4. ¿Dónde está Silvia? _____   d. Sí. ¿Es de lana?

5. ¿Qué quieres hacer mañana? _____   e. Te quedan muy bien.

                                             f. ¡Qué baratas!

                                             g. Debe estar en su casa.

IV. Read the following incomplete statements and circle the letter of the word that best completes each one. (8 points)

1. Patricia no comió con _____.

   a. alguien   b. ningún   c. algún   d. nadie

2. Yo no _____ hablar japonés.

   a. es   b. sé   c. conozco   d. estoy

3. Hoy en Santiago de Chile _____ mucho frío.

   a. hace   b. está   c. es   d. tiene

4. La tarea es _____ mañana.

   a. en   b. para   c. a   d. por

5. ¿_____ Buenos Aires?

   a. Eres   b. Sabes   c. Estás   d. Conoces

6. Este carro es _____ su hijo.

   a. por   b. con   c. para   d. a

7. Aquellos pantalones _____ de nailon.

   a. están   b. se pone   c. son   d. hay

8. En aquel restaurante _____ muy bien.

   a. le gusta   b. se come   c. tiene hambre   d. se acuesta

V. Describe today's weather using three sentences. (6 points)

1. _____

2. _____

3. _____

VI. A detective is talking to his boss on a cell phone and is describing what is going on in a house. Complete his report using the present progressive form (a form of **estar + -ando/-iendo**) of the appropriate verb: **caminar, escuchar, llorar, salir, ver.** (10 points)

En este momento yo _____ a un hombre que

_____ del baño y ahora _____ a la

habitación. ¡Ah! Ahora en la habitación veo a una mujer que está muy triste; ella

_____. El hombre y la mujer _____ las

noticias en la radio.

VII. Pablo is writing in his journal about his first day in the United States. Read his entry to get the gist; then reread it and select the appropriate infinitives from the following verbs: **decidir, empezar, hacer, ir, jugar, llegar, regresar, ver.** Finally, write the correct preterit forms in the spaces provided. Verbs may be used more than once. (20 points)

A las 2:00 de la tarde, yo _____ a San Francisco.

_____ directamente a la casa de mis tíos y nosotros

_____ ir al centro de la ciudad. _____

muchos lugares bonitos y mi prima _____ en un parque con

otros niños. A las 5:00, nosotros _____ a la casa y mis tíos

_____ una tortilla de papas deliciosa para la cena. Más tarde,

todos nosotros _____ una película en la tele, pero yo

_____ a dormirme en el sofá y _____

acostarme. Mañana quiero levantarme temprano para ir a conocer el Golden Gate.

VIII. You are calling your roommate from school because you want to find out if he/she has done the errands for tonight's party as you had asked. Complete his/her answers using indirect-object pronouns. (10 points)

1. — ¿Y les hablaste a Carlos y a Tomás?

   — Sí, _____.

2. — Bien. ¿Y Carlos te dio el teléfono de su hermana?

   — No, _____.

3. — Entonces, debes hablarle. ¿Le compraste el regalo a Carmina?

   — Sí, _____.

4. — Bueno, ¿y me compraste unas Coca-Colas?

   — No, _____.

5. — Debes comprarlas antes de las 5:00. ¿Y les mandaste la invitación a tus

   amigos?

   — Sí, _____.

IX. Scan this section from a television programming guide and answer the questions that follow. Use complete sentences. (10 points)

Hora: 6:00 p.m.		**Hora: 8:30 p.m.**	
CANAL	**PROGRAMA**	**CANAL**	**PROGRAMA**
5	**El pájaro loco.** Dibujos animados.	9	**Esta noche cine:** *Todo sobre mi madre* (1998). Ganadora del Oscar. Película de Pedro Almodóvar con la actriz argentina, Cecilia Roth.
7	**A media tarde.** Juegos.		
9	**Oui, oui.** Curso de francés para principiantes.		

Hora: 7:30 p.m.		**Hora: 9:00 p.m.**	
CANAL	**PROGRAMA**	**CANAL**	**PROGRAMA**
5	**South Park.** El Sr. Mackey habla de drogas en la escuela. Kyle descubre que su hermana no es canadiense.	5	**Cine de superacción:** *Lo que el viento se llevó* (1940). Película clásica con Clark Gable.
7	**Betty la fea.** Betty recibe trabajo de secretaria en Eco Moda.	7	**Cuentos y leyendas:** Las cataratas del Iguazú. Cuenta la leyenda del origen de las cataratas.

Hora: 8:00 p.m.	
CANAL	**PROGRAMA**
5	**Amigos.** Joey decora su apartamento. Phoebe canta sobre un gato que huele mal.
7	**Felicity.** Felicity va al hospital porque Ben tiene un accidente.
9	**Welcome USA.** Curso de inglés avanzado.

1. ¿A qué hora comienza *Felicity*?

   _____

2. ¿En qué canal *(channel)* se presenta el programa *Cuentos y leyendas*?

   _____

3. Si quieres aprender inglés, ¿qué programa puedes ver?

   _____

4. ¿Hay películas de terror?

   _____

5. ¿Quién es el director de la película *Todo sobre mi madre*?

_____

X. Now write an email to your parents describing what you did last weekend and whether you did things by yourself or with friends. Use expressions like **el sábado, más tarde,** and **después** to connect your ideas. (14 points)

_____

_____

_____

_____

_____

Capítulo 7

Prueba A

I. **Comprensión.** You will hear a telephone conversation between a hotel receptionist and a woman making a reservation. Mark the information on the following reservation form based on what you hear. You will hear the conversation twice. (10 points)

Hotel Los Arcos

Nombre: _____*Pilar Romero Fuentes*_____

Del _____ Hasta _____

Habitación: sencilla ____   doble ____   triple ____

con baño ____   sin baño ____

con desayuno ____   media pensión ____   pensión completa ____

II. Complete each definition with the correct word or phrase. (6 points)

1. Si llamas por teléfono a alguien que está en otra ciudad y él paga, es una llamada a

   _____ .

2. Cuando llamas por teléfono a otro país, haces una llamada

   _____ .

3. La persona que lleva las maletas en el hotel es el _____ .

4. Una habitación de hotel para una persona es una habitación _____ .

5. Si el avión llega a la hora que debe llegar, se dice que llega _____ .

6. Cuando viajamos, ponemos nuestra ropa en una _____ .

III. Read the sentences in the first column and match them with the most logical response from the second column. Write the letter of the matching response in the space provided. Use each response only once. (6 points)

1. ¿Tienes un lápiz? _____

2. Pero la reserva es para
   mañana, no para hoy. _____

3. Persona a persona. _____

4. Quisiera llamar a Italia. _____

5. ¿De parte de quién? _____

6. ¿Fueron todos a tu casa? _____

a. Lo siento, todas las líneas internacionales están ocupadas.

b. Habla Inés.

c. No, no vino nadie.

d. No, no tengo ninguno.

e. ¡Ay! No me di cuenta.

f. ¿Y con quién desea hablar?

g. ¿Cómo que no dijo nada?

h. No, de media pensión.

IV. Look at this portion of Silvio Lerma's résumé. Complete each question with the appropriate form of the verbs **jugar** or **trabajar.** Then write a response for each using complete sentences. (6 points)

• Jugador de fútbol profesional de 2000 al presente
• Trabajar en comerciales de televisión de 2002 al presente

1. ¿Cuánto tiempo hace que Silvio _____ al fútbol?

_____

2. ¿Cuánto tiempo hace que él _____ en comerciales?

_____

V. Carmen is a news reporter and she is interviewing a museum guard about an art robbery that occurred last night. Read this portion of the interview and complete it with the appropriate preterit forms of the following verbs: **decir, dormir, entrar, hacer, ir, morir, oír, pedir, ponerse, seguir, venir,** and **volver.** Verbs may be used more than once. (12 points)

GUARDIA   Anoche unos ladrones *(thieves)* _____ en el

museo a eso de las dos de la mañana.

CARMEN   ¿Y qué ocurrió?

GUARDIA   Con una pistola en la cabeza me _____ las llaves

de la sala dos. Después un ladrón _____ unos

guantes de cuero y subimos a la sala. Ellos

_____ directamente a las obras de Picasso. Cinco

minutos más tarde, cuando _____ la sirena de la

policía, salieron por la puerta de atrás.

CARMEN   ¿Y qué ocurrió?

GUARDIA   La policía _____ rápidamente. Y un policía sacó

una pistola.

CARMEN   ¿Mató a alguien?

GUARDIA   No, nadie _____; todos subieron a un auto. La

policía y yo _____ a los ladrones por 20 cuadras

(blocks), pero ellos se escaparon.

CARMEN   ¿Y Ud. le _____ todo a la policía: descripción,

ropa...?

GUARDIA   Sí, claro.

CARMEN   ¿Qué _____ Ud. después?

GUARDIA   _____ a mi casa y _____

diez horas.

VI. Last night there was a party at which someone was poisoned. You are being questioned by the police. Answer their questions, using direct-object pronouns. (10 points)

1. ¿Quién compró el vino?

   _____

2. ¿Sirvieron cerveza y Coca-Cola en la fiesta?

   _____

3. ¿Quién preparó la sangría?

   _____

4. Trajo Ud. las papas fritas, ¿no?

   _____

5. ¿Y llamó Ud. a sus padres?

   _____

Nombre _____   Fecha _____

Capítulo 7

Prueba B

I. **Comprensión.** You will hear a telephone conversation between a hotel receptionist and a woman making a reservation. Mark the information on the following reservation form based on what you hear. You will hear the conversation twice. (10 points)

> **Hotel Los Arcos**
>
> Nombre: _____*Pilar Romero Fuentes*_____
>
> Del _____ Hasta _____
>
> Habitación: sencilla ____   doble ____   triple ____
>
>   con baño ____   sin baño ____
>
>   con desayuno ____   media pensión ____   pensión completa ____

II. A Mexican woman describes what she does on the weekends. Complete the paragraph with words from the list that follows. (6 points)

a tiempo	aduana	asiento
botones	con retraso	fumar
llamadas a cobro revertido	llamadas internacionales	llamadas locales
maleta	recepcionista	

Cuando tengo tiempo los fines de semana, me gusta viajar a diferentes lugares de

México. Generalmente llego a casa del trabajo el viernes por la tarde y pongo la ropa

en una _____ pequeña porque siempre tengo que correr cuando

llego al aeropuerto. Allí voy al mostrador *(counter)* de Aeroméxico y pido un

_____ cerca de la ventanilla porque me gusta mirarlo todo. A

veces si hace mal tiempo, los vuelos de Aeroméxico llegan _____

y me siento muy cansada. Por eso cuando llego al hotel, el _____

lleva mis cosas a la habitación. A veces llevo mi móvil porque tengo que hacer

_____ a Guatemala o a Nicaragua por el trabajo. Para hacer

_____ cuando necesito una reservación en un restaurante, uso el

teléfono del hotel.

III. Read the sentences in the first column and match them with the most logical response from the second column. Write the letter of the matching response in the space provided. Use each response only once. (6 points)

1. ¿De parte de quién? _____   a. No, ya la compré.

2. ¿Tienes todos los pasajes? _____   b. No te preocupes.

3. Perdón, lo siento. _____   c. Hola, Pepe. ¿Está Inés, por favor?

4. ¿Fueron todos al picnic? _____   d. No, las encuentra en nuestra tienda del

5. ¿Se venden cámaras aquí? _____   centro.

6. ¿Aló? _____   e. No, no tengo ninguno.

f. Habla Ramón.

g. Quisiera comprarlo.

h. No, no fue nadie.

IV. Look at this portion of Laura Lerma's résumé. Complete each question with the appropriate form of the verbs **estudiar** or **trabajar.** Then write a response for each using complete sentences. (6 points)

• Estudiante de computación de 2000 al presente
• Programadora de computadoras de 2002 al presente

1. ¿Cuánto tiempo hace que Laura _____ computación?

_____

2. ¿Cuánto tiempo hace que ella _____ como programadora ?

_____

V. You have just returned from a vacation in Spain with your spouse. A friend of yours had given you some tips about traveling in Spain before you left. Answer his questions about your trip using direct-object pronouns. (10 points)

1. ¿Leyeron Uds. el libro que les di?

_____

2. ¿Y visitaron los museos que yo recomendé?

_____

3. ¿Pidieron Uds. una paella en el restaurante La Barraca?

_____

4. ¿Llamaste a tu amiga española?

_____

5. ¡Ah! ¿Y trajiste el vino que te pedí?

_____

VI. Use your imagination to write a about a famous person (the president, Madonna, etc.) and some of his/her family members. First choose your famous person.

¿Quién es tu persona famosa? _____

Now write about what your famous person and his/her family did this weekend. Indicate whether they did things alone or together. Include at least six activities from the following list. Use expressions like **el sábado, más tarde,** and **después** to connect your ideas. (12 points)

conocer a una persona importante   dormir muchas horas
tener que trabajar   estar en su casa
ir a comer a un restaurante   leer el periódico del domingo
preparar comida exótica   correr en una maratón
comprarle algo a alguien   vestirse con ropa elegante/informal

_____

_____

_____

_____

_____

Nombre _____   Fecha _____

Capítulo 8

Prueba A

I. **Comprensión.** Listen to this telephone conversation between a real estate agent and a client. Mark with an **X** the features the client is looking for in an apartment, based on what you hear. You will hear the conversation twice. (10 points)

_____ 1 dormitorio   _____ sin muebles

_____ 2 dormitorios   _____ garaje

_____ 3 dormitorios   _____ portero

_____ balcón   _____ cocina grande

_____ amueblado   _____ teléfono

II. Look at the following mailbox labels and write what floor these people live on. (3 points)

♣ los González 405   *Los González viven en el cuarto piso.*

1. los Martí 609   _____

2. los Cano 310   _____

3. los Vicens 903   _____

III. Write the names of two pieces of furniture, appliances, or fixtures that you would normally associate with each of the following rooms. Include the appropriate definite article. (8 points)

1. la sala   _____   _____

2. el dormitorio   _____   _____

3. el cuarto de baño _____   _____

4. la cocina   _____   _____

IV. Complete the following sentences with **ya** or **todavía.** (4 points)

    1. — ¿Vas a venir?

      — No puedo salir. _____ tengo que estudiar.

    2. — ¿Te compro el periódico?

      — No, _____ lo compré.

    3. — ¿Van a alquilar el apartamento las chicas?

      — _____ lo alquilaron.

    4. — ¿Comiste?

      — _____ no.

V. Carlota is talking to her parents about her present life and future plans. Read their conversation and complete it with the appropriate indicative or subjunctive forms of the given verbs. (7 points)

MADRE   Carlota, si quieres ir a Costa Rica este verano, necesitas un trabajo que

                  _____ mucho dinero. (pagar)

PADRE   Sí, y tienes que buscar un apartamento que no _____

                  tan pequeño. (ser)

CARLOTA   Pero ya tengo un trabajo que _____ perfecto y un

                  apartamento que _____ cocina grande y que

                  _____ en el centro y cerca del trabajo. (ser, tener, estar)

MADRE   Bueno, pero mira las amigas que tienes. Necesitas amigas que

                  _____ hablar inglés y que _____

                  ayudarte con la tarea para la clase. (saber, poder)

CARLOTA   ¡Ay, mamá! Por favor, basta de crítica.

VI. After her difficult conversation with her parents, Carlota seeks help from Esperanza, a person who has an advice column on the Internet. Read and complete Esperanza's response using the appropriate forms (infinitive, indicative, subjunctive) of the corresponding verbs. NOTE: This is a formal letter. (10 points)

Querida Desesperada:

Hablar del futuro con los padres no es fácil. Primero es esencial que Ud.

_____ (mantener) una actitud positiva. También le aconsejo que no

_____ (enojarse) con los padres. Tercero, es importante

_____ (considerar) cuidadosamente sus consejos. Es mejor que ellos

_____ (saber) que a Ud. le interesa su opinión. Normalmente, los

conflictos con los padres _____ (desaparecer) con el tiempo. Ellos

quieren ayudarla.

Esperanza

VII. Write four things a parent would say to a teenage son or daughter. Use the **tú** form. (8 points)

1. Te aconsejo que _____.

2. No quiero que _____.

3. Es importante que _____.

4. Te prohíbo que _____.

Nombre _____ Fecha _____

Capítulo 8

Prueba B

I. **Comprensión.** Listen to this telephone conversation between a real estate agent and a client. Mark with an **X** the features the client is looking for in an apartment, based on what you hear. You will hear the conversation twice. (10 points)

_____ 1 dormitorio   _____ sin muebles

_____ 2 dormitorios   _____ amueblado

_____ 3 dormitorios   _____ cocina grande

_____ garaje   _____ portero

_____ teléfono   _____ balcón

II. Look at the following mailbox labels and write what floor these people live on. (3 points)

♣ los González 405   *Los González viven en el cuarto piso.*

1. los Martí 509   _____

2. los Cano 110   _____

3. los Vicens 803   _____

III. You are decorating your new apartment. Include two pieces of furniture or appliances you need in the following rooms. Include the appropriate definite article. (8 points)

1. la sala   _____   _____

2. el dormitorio   _____   _____

3. el comedor   _____   _____

4. la cocina   _____   _____

IV. Two friends are talking about the characteristics they are looking for in a boyfriend. Complete the conversation with the appropriate forms (indicative, infinitive, subjunctive) of the corresponding verbs. (7 points)

ELENA   Quiero tener un novio que _____ muy inteligente y

guapo. (ser)

PAULA   Para mí, no es importante _____ a un hombre

guapo. Yo quiero un hombre que _____ una

personalidad interesante, como el novio de Marisa. (conocer, tener)

ELENA   Sí, Marisa tiene un novio que _____ una

personalidad muy atractiva, y otra cosa que me gusta de él es que no

_____ alcochol. Para mí es esencial que la persona

no _____. (tener, tomar, beber)

PAULA   En cambio, para mí no es importante si bebe o no bebe, pero sí busco a

alguien que _____ bailar bien... porque paso todos

los viernes y los sábados en la discoteca. (saber)

V. Your parents are coming to visit you next week. Write two things you have already done in preparation for their visit and one thing you still have to do. Include **ya** and **todavía** in your answers and use a different verb in each. (6 points)

1. _____

2. _____

3. _____

VI. You are Esperanza, a person who has an advice column on the Internet. Read the email that a distressed student wrote to you about a class he is taking and answer it giving advice. Include expressions such as **te aconsejo que... , es importante que... ,** and **es mejor que...** (16 points)

Querida Esperanza:

Gracias por escuchar mi problema. Soy un estudiante normal: voy a mis clases, trabajo y salgo con mis amigos. Estoy en una clase de francés y mis notas son terribles. No entiendo nada. Tenemos exámenes cada tres semanas y la noche antes del examen hago las actividades en el cuaderno de ejercicios y escucho las cintas del laboratorio; después estudio dos horas más, pero siempre recibo malas notas. En total paso cinco o seis horas estudiando. En mis otras clases, si estudio diez horas la noche antes del examen, salgo bien y recibo buenas notas, pero en mi clase de francés no es así. No entiendo qué me pasa. No recuerdo las palabras. ¿Es que tengo mala suerte? ¿Qué puedo hacer para recibir buenas notas? ¿Me aconseja Ud. que cambie de profesor? ¿Es mejor que estudie otro idioma? ¿Tengo que cambiar mi manera de estudiar? Sé que Ud. habla varios idiomas. Por favor, necesito ayuda.

Estudiante al borde de un ataque de nervios

_____

_____

_____

_____

_____

Nombre _____   Fecha _____

Capítulo 9

Prueba A

I. **Comprensión.** You will hear a conversation between Marco and Gloria. Mark who did or is going to do the following things, based on what you hear. You will hear the conversation twice. (6 points)

		Gloria	Marco
1.	comprar cosas para la cocina	_____	_____
2.	ir a la mueblería	_____	_____
3.	buscar el carro	_____	_____
4.	ir al supermercado	_____	_____
5.	ir al aeropuerto	_____	_____
6.	llamar al aeropuerto	_____	_____

II. Read the definitions in the first column, and write the letter of the appropriate word from the the second column in the space provided. Use each word only once. (5 points)

1. Se corta queso con esto. _____   a. el crucigrama

2. Cuando se corta esto en la cocina, uno llora. _____   b. la sartén

3. Es de metal y se usa para freír huevos. _____   c. pintar

4. Un pasatiempo que viene en el periódico y se hace   d. el cuchillo

   con lápiz. _____   e. la estampilla

5. Pablo Picasso hizo esto muy bien. _____   f. coser

                        g. la cebolla

III. Circle the letter of the word or phrase that best completes the response to each of the following questions. (5 points)

1. — ¿Y perdió Raúl todo su dinero?

   — Sí, pobre. _____

   a. ¡Qué mala suerte!   b. Quizás sea así.   c. ¿Y mientras tanto?

2. — ¿Estás muy cansado?

— Sí, ¡de verdad _____!

a. me di cuenta   b. no puedo más   c. tengo ganas

3. — ¿No habla ruso Elvira?

— Ya te dije que ella _____ habla español.

a. solo   b. sola   c. sólo

4. — ¿A qué hora llegaste a la oficina?

— Ya _____ las ocho cuando llegué.

a. fue   b. eran   c. fueron

5. — ¿Cuándo empezó el niño la escuela?

— Muy pequeño, cuando _____ cinco años.

a. tenía   b. era   c. tuvo

IV. Dolores is telling how she usually spends her summers. Complete the paragraph using **para** or **por** as needed. (6 points)

Generalmente voy a la casa de mis abuelos _____ pasar tiempo con ellos.

Caminamos _____ la ciudad y hablamos _____ horas. Cuando mi

abuela está cansada de trabajar en el jardín, yo trabajo _____ ella y a veces,

mis abuelos me pagan _____ el trabajo. _____ mí, son las mejores

vacaciones del mundo.

V. Jaime is talking to a friend while nervously waiting for his blind date to arrive. Read
    the conversation and complete it with the infinitive, indicative, or subjunctive forms of
    the appropriate verbs. (18 points)

RODRIGO   Estás nervioso, ¿no?

JAIME   Espero que ella _____ pronto. (llegar)

RODRIGO   Sí, estoy seguro de que _____ pronto. (venir)

JAIME   ¿Sabes qué? Es posible que _____ aburrida o que

            nosotros no _____. (ser, divertirse)

RODRIGO   No, es probable que Uds. _____ mucho y que

_____ otra vez. (conversar, salir)

JAIME   Pero es importante _____ a un restaurante bueno

para impresionarla, ¿no? (ir)

RODRIGO   Hombre, ¡espero que no _____ tan preocupado

durante la cena! Creo que todo _____ a salir bien.

(estar, ir)

VI. Imagine that you have a blind date tonight that your MOTHER arranged for you. Complete the following sentences stating your perceptions about this upcoming date. (10 points)

1. Dudo que _____.

2. Creo que _____.

3. Es probable que _____.

4. Quizá _____.

5. Estoy seguro/a de que _____.

Nombre _____ Fecha _____

Capítulo 9

Prueba B

I. **Comprensión.** You will hear a conversation between Ana and Miguel. Mark who did or is going to do the following things, based on what you hear. You will hear the conversation twice. (12 points)

	Ana	Miguel
1. alquilar un apartamento	_____	_____
2. comprar comida	_____	_____
3. limpiar el apartamento	_____	_____
4. preparar la cena	_____	_____
5. poner la mesa	_____	_____
6. jugar a las cartas	_____	_____

II. Pablo is describing what he likes to do during his free time. Complete the paragraph with words from the following list. Remember to conjugate the verbs when necessary. (5 points)

cocinar	coleccionar estampillas	coser
hacer crucigramas	jugar con videojuegos	navegar por Internet
pescar	salero	sartén
servilleta		

Mi actividad favorita es ir al lago Michigan y _____. Pero no es lo

único que me gusta hacer en mi tiempo libre. Todo depende de cómo me siento ese

día; a veces me gusta sentarme frente al televisor y _____ como

los de Nintendo, pero otras veces no tolero el televisor y voy a la cocina para

_____ alguna comida exótica de bajas calorías en mi nueva

_____ de Teflón. Pero el domingo es un día de descanso para mí

y no hago nada. Así que mi actividad preferida los domingos es tomar el periódico

para _____.

III. Jorge's sister is telling about the errands she had to run today. Complete the paragraph using **para** or **por** as needed. (6 points)

¡Estoy cansadísima! Primero tuve que trabajar _____ mi hermana porque ella

está enferma y no pudo ir a la oficina. Después tuve que mandar unas cartas

_____ correo y luego caminé _____ toda la ciudad buscando un regalo

_____ mi hermano Jorge que celebra su cumpleaños el lunes. Por fin encontré

algo, pero tuve que pagar $40 _____ una corbata. Pero está bien. _____

mí, Jorge es el mejor hermano del mundo.

IV. Write the directions for making a salad using the following ingredients and the actions presented. Use the passive **se** when giving directions. (8 points)

la lechuga	cortar
los tomates	añadir
el jamón	revolver
el vinagre	poner
el aceite	

1. Para preparar una deliciosa ensalada, primero _____.

2. Luego, _____.

3. Después, _____.

4. Finalmente, _____.

V. *(a)* Imagine you are speaking to a friend. Complete the following questions about the past, using **ser** and **tener.** (2 points)

1. ¿Cuántos años _____ cuando empezaste la universidad?

2. ¿Qué hora _____ cuando terminaste de estudiar anoche?

(b) Now write your answers to the questions above. (4 points)

1. _____

2. _____

VI. Your parents have just informed you that your family is moving to Hollywood. Write an email to a friend telling him/her about it. Include expressions such as **(no) creo que...** , **dudo que...** , **es posible (que)...** , **creo que...** , **me alegro de (que)...** , and **es fantástico (que)...** (13 points)

_____

_____

_____

_____

_____

Nombre _____   Fecha _____

Capítulos 7–9

Examen

I.   **Comprensión.** You will hear a conversation between Gloria and Marco. Mark who did or is going to do the following things, based on what you hear. You will hear the conversation twice. (12 points)

	Gloria	Marco
1. comprar cosas para la cocina	_____	_____
2. ir a la mueblería	_____	_____
3. buscar el carro	_____	_____
4. ir al supermercado	_____	_____
5. ir al aeropuerto	_____	_____
6. llamar al aeropuerto	_____	_____

II. Complete the following definitions with the appropriate word or phrase. (7 points)

1. Para cortar queso, pan o jamón se usa _____.

2. El lugar donde se preparan las comidas es _____.

3. La máquina para lavar los platos es _____.

4. Una habitación de hotel para una persona es una habitación

   _____.

5. La persona que lleva las maletas en un hotel es _____.

6. Una llamada telefónica a otro país es _____.

7. Un vuelo que no hace escala es _____.

III. Read the sentences in the first column and match them with the most logical response from the second column. Write the letter of the matching response in the space provided. (5 points)

1. Mis tíos tienen cinco casas. _____   a. Somos cinco.

2. ¿Cuántas personas hay en tu   b. ¿Cómo que no puedes?

   familia? _____   c. ¡Ay! ¡No puedo más!

3. Pobre Luis. Perdió todo su dinero. _____   d. Ojalá que no espere.

4. Olvidaste traer el pan que te pedí. _____   e. ¡Qué mala suerte!

5. ¿Estás muy cansado? _____   f. ¡Vaya! Son muy ricos, ¿no?

                                            g. Lo siento. Ahora voy a comprarlo.

IV. Complete the following exchanges by writing the letter of the appropriate word in the space provided. (6 points)

1. — ¿Quiénes vinieron a tu fiesta?

   — Pues, no vino _____.

   a. alguien   b. nadie

2. — ¿Estás listo para el examen?

   — Estudio y estudio, pero _____ tengo problemas.

   a. todavía   b. ya

3. — ¿A qué hora llegaste al aeropuerto?

   — _____ las 8:00 cuando llegué.

   a. Fueron   b. Eran

4. — ¿Tienes libros de historia?

   — No, no tengo _____.

   a. ninguno   b. alguno

5. — ¿Cuándo terminaste la escuela secundaria?

   — _____ 18 años cuando terminé.

   a. Tuve   b. Tenía

6. — ¿Te gusta esta universidad?

   — ¡Muchísimo! Llegué el año pasado y ya hace un año que _____ aquí.

   a. estudié   b. estudio

V. Dolores is telling how she usually spends her summers. Complete the paragraph using **para** or **por** as needed. (6 points)

Generalmente voy a la casa de mis abuelos _____ pasar tiempo con ellos.

Caminamos _____ la ciudad y hablamos _____ horas.

Cuando mi abuela está cansada de trabajar en el jardín, yo trabajo _____

ella y a veces, mis abuelos me pagan _____ el trabajo. _____

mí, son las mejores vacaciones del mundo.

VI. Carmen is a news reporter and she is interviewing a museum guard about an art robbery that occurred last night. Read this portion of the interview and complete it with the appropriate preterit forms of the following verbs: **decir, entrar, hacer, oír, pedir, seguir, venir,** and **volver.** Verbs may be used more than once. (16 points)

GUARDIA   Anoche unos ladrones *(thieves)* _____ al museo a

eso de las dos de la mañana.

CARMEN   ¿Y qué ocurrió?

GUARDIA   Con una pistola en la cabeza me _____ las llaves de

la sala dos. Cinco minutos más tarde, cuando _____

la sirena de la policía, salieron por la puerta de atrás.

CARMEN   ¿Y qué ocurrió?

GUARDIA   La policía _____ rápidamente, pero los ladrones

subieron a un auto. Entonces la policía y yo los

_____ por 20 cuadras *(blocks)*, pero ellos se

escaparon.

CARMEN   ¿Y Ud. le _____ todo a la policía: descripción,

ropa... ?

GUARDIA   Sí, claro.

CARMEN   ¿Qué _____ Ud. después?

GUARDIA   _____ a mi casa con un pánico terrible.

VII. Jaime is talking to a friend while nervously waiting for his blind date to arrive. Read the conversation and complete it with the infinitive, indicative, or subjunctive forms of the appropriate verbs. (18 points)

RODRIGO Estás nervioso, ¿no?

JAIME Espero que ella _____ pronto. (llegar)

RODRIGO Sí, estoy seguro de que _____ pronto. (venir)

JAIME ¿Sabes qué? Es posible que _____ aburrida o que

nosotros no _____. (ser, divertirse)

RODRIGO No, es probable que Uds. _____ mucho y que

_____ otra vez. (conversar, salir)

JAIME Pero es importante _____ a un restaurante bueno para

impresionarla, ¿no? (ir)

RODRIGO Hombre, ¡espero que no _____ tan preocupado

durante la cena! Creo que todo _____ a salir bien.

(estar, ir)

VIII. Answer the following travel-related questions using direct-object pronouns to replace the direct-object nouns. (8 points)

1. ¿Quién hace las camas en un hotel?

   _____

2. Cuando viajas, ¿pones el pasaje en la maleta?

   _____

3. ¿Prefieres asientos en la sección de no fumar del tren?

   _____

4. ¿Quién toma una reserva en un hotel?

   _____

IX. Read the following confirmation note from a travel agent to a passenger and answer the questions that follow. Use complete sentences. (12 points)

10/1/03

Estimado Sr. Ruiz:

Sus pasajes de ida están confirmados. Puede comprar sus pasajes de vuelta en nuestra agencia de Santiago. Su vuelo de Río de Janeiro a Santiago de Chile es el 540, que sale a las 14:35 el 12/2 y llega a las 16:20. Este vuelo de LanChile hace escala en Asunción, Paraguay. Ya tiene los asientos reservados en primera clase y recuerde que necesitan pasar por la aduana en Santiago (puede llevar su cámara de video sin problemas). Su reserva en el Hotel Carreras de Santiago está confirmada. Tiene una habitación doble por cuatro noches con baño y media pensión. Espero que disfruten de su viaje.

Sin otro particular lo saluda atentamente,

Su agente de viajes

1. ¿Qué tipo de pasajes compró el Sr. Ruiz? _____

_____

2. ¿Viaja solo el Sr. Ruiz? _____

3. ¿De dónde sale su vuelo? _____

4. ¿Cuál es la hora de salida de su vuelo? _____

_____

5. ¿En qué sección del avión se va a sentar el Sr. Ruiz? _____

_____

6. ¿Cuántas comidas por día tiene en el hotel? _____

_____

X. Your parents have just informed you that your family is moving to Hollywood. Write an email to a friend telling him/her about it. Include expressions such as **(no) creo que...** , **dudo que...** , **es posible (que)...** , **creo que...** , **me alegro de (que)...** , and **es fantástico (que)...** (10 points)

_____

_____

_____

_____

_____

Nombre _____   Fecha _____

Capítulo 10

Prueba A

I. **Comprensión.** You will hear Victoria describing her life when she was ten years old. Read the following sentences, then listen carefully and write a **C** if they are correct and an **F** if they are false. You will hear the story twice. (10 points)

   1. _____ Cuando Victoria tenía diez años, nadaba en la playa todos los días con sus amigos.

   2. _____ Victoria estaba enferma y se quedaba en casa con su abuelo.

   3. _____ A Victoria le gustaba escuchar la radio con su abuelo.

   4. _____ A ella le fascinaba leer.

   5. _____ Cuando tenía 11 años, Victoria iba a la playa con sus amigos.

II. Read each description in the first column and match it with the appropriate word in the second column. (9 points)

   1. Lo usas cuando juegas al béisbol; es largo. _____   a. palos

   2. Un jugador de fútbol americano lo lleva en la cabeza. _____   b. pesas

   3. Es la persona que lleva el correo a las casas. _____   c. equipo

   4. Los usas para jugar al golf; son largos. _____   d. casco

   5. Es tu propia dirección; lo escribes en el sobre. _____   e. la red

   6. yahoo.com _____   f. patines en línea

   7. Se necesita una para jugar al tenis; puede ser de madera o de   g. cartero

      metal. _____   h. bate

   8. Arnold Schwarzenegger las levanta para tener músculos   i. arroba

      grandes. _____   j. remite

   9. @ _____   k. raqueta

                                                                  l. buscador

                                                                  m. buzón

III. Carlos is trying to decide what kind of food to have for dinner, but his family members all have strong opinions. Read what he is saying and complete the paragraph with the appropriate forms of the verbs in parentheses. (4 points)

¡Qué decisión más difícil! A mi mamá _____ _____ (encantar) la

comida vegetariana, pero a nosotros todavía _____ _____ (faltar)

los ingredientes para la ensalada. A mi papá _____ _____ (fascinar)

la comida china, pero a mis hermanas no. ¡A mí _____ _____

(parecer) que no vamos a comer esta noche!

IV. Victoria's parents are planning a surprise party for her seventh birthday. Read the note that her mother left for her father and answer the questions that follow. (6 points)

Ramón:

Ya hice muchas de las cosas para la fiesta. Fui a la panadería y pedí la torta y los

sándwiches. Recibí los regalos de la abuela y **los** puse en el ropero. Vamos a

necesitar unas sillas extras; ¿**se las** puedes pedir a nuestros amigos? La casa no está

limpia todavía. Tú y Paquito pueden empezar a limpiar**la**, pero es importante que no le

digas nada a Victoria. Tu hermana Luisa me llamó y me dijo que va a regalar**le** una

bicicleta nueva. ¿**Te** la puede dar antes de la fiesta para decorarla? Huy, ¡qué emoción!

Carmela

To whom or to what do the following object pronouns refer?

1. **los** en la línea 2 _____

2. **se** en la línea 3 _____

3. **las** en la línea 3 _____

4. **la** en la línea 4 _____

5. **le** en la línea 5 _____

6. **Te** en la línea 6 _____

V. You work as a secretary in an office. Answer the following questions from fellow employees, using double-object pronouns. (10 points)

1. ¿Le mandaste la carta a la Sra. Navas? _____

_____

2. ¿Me vas a comprar las estampillas? _____

_____

3. ¿Les mandó Óscar los mensajes electrónicos al Sr. Puertas y al Sr. Lerma? _____

_____

4. ¿Nos trajo el paquete el Sr. Ferrer? _____

_____

5. ¿Te escribió un memo el jefe? _____

_____

VI. Complete this paragraph with the correct imperfect forms of the appropriate verbs. (11 points)

Cuando yo _____ niño, mi familia siempre
(ser / tener)

_____ a las montañas para las vacaciones de Navidad. Yo
(ir / llevar)

_____ unos esquíes fabulosos y _____
(faltar / tener)   (cambiar / esquiar)

todos los días. _____ mucho frío, pero como nosotros
(Hacer / Estar)

_____ suéteres, guantes, gorros y chaquetas, el frío no nos
(llevar / sentir)

_____. Por la noche mis padres y yo
(tener / molestar)

_____ a comer a los restaurantes del pueblo.
(salir / poder)

_____ un restaurante que _____
(Estar / Haber)   (servir / pedir)

comida excelente, especialmente unas tortillas españolas deliciosas. Nosotros siempre

_____ muy tarde al hotel.
(volver / poner)

Nombre _____   Fecha _____

Capítulo 10

Prueba B

I. **Comprensión.** You will hear Victoria describing her life when she was ten years old. Read the following sentences, then listen carefully and write a **C** if they are correct and an **F** if they are false. You will hear the story twice. (10 points)

1. _____ Cuando Victoria tenía diez años, nadaba todos los días con sus amigos.

2. _____ Pasaba los días de verano en Salamanca con sus padres.

3. _____ A Victoria le encantaba aprender cosas de su abuela.

4. _____ La abuela cocinaba para Victoria todos los días.

5. _____ Cuando tenía 11 años, Victoria cocinaba para la familia.

II. Read the following descriptions and write the items that you use to play certain sports. (8 points)

1. Dos cosas que se usan para jugar al fútbol americano: _____ _____

2. Se usan para practicar un deporte en la montaña: _____

3. Dos cosas que se usan para jugar al béisbol: _____ _____

4. Se usan para jugar al golf _____

5. Dos cosas que se usan para jugar al tenis: _____ _____

III. *(a)* Give your opinion about two items from the following list using the verbs **encantar, molestar,** and **parecer** + *adjective*. (4 points)

navegar por Internet
la gente que habla mucho en Internet
hacer cola en la oficina de correo
los perros que les ladran *(bark)* a los carteros
los emails con virus
recibir tarjetas electrónicas para el cumpleaños
los paquetes que te manda tu familia

1. _____

2. _____

(b) Now give your father's or favorite uncle's opinion about two items from the list above using the same verbs. You may repeat only ONE of the items you wrote about in the previous section. (4 points)

1. _____

2. _____

IV. Read this note that Gonzalo left for his roommate Víctor, and then answer the question that follows. (6 points)

Víctor:

Tus padres llamaron esta mañana para decir que van a venir esta tarde a las 5:00.

Saben que no llegas a casa hasta las 6:00, pero dicen que tienen las llaves que tú **les**

diste. ¡Qué desastre! Hice las camas, lavé los platos, tiré los periódicos; en fin, limpié

todo. Los pantalones y los calcetines que dejaste en el baño ya no están allí. **Te los**

puse en la lavadora. Quité las revistas que estaban encima de tu cama y ahora **las** vas a

ver encima del escritorio. Felipe llamó y necesita tu libro de cálculo, así que **se lo** dejé

en el buzón. Espero que te diviertas con tus padres. Te veo esta noche, pero tarde

porque a lo mejor me quedo en la biblioteca estudiando para el examen de mañana.

Gonzalo

To whom or to what do the following object pronouns refer?

1. **les** en la línea 2 _____

2. **Te** en la línea 4 _____

3. **los** en la línea 4 _____

4. **las** en la línea 5 _____

5. **se** en la línea 6 _____

6. **lo** en la línea 6 _____

V. You work as a secretary in an office. Answer the following questions from fellow employees, using double-object pronouns. (8 points)

1. ¿Me compraste estampillas? _____ _____

2. ¿Te dio el paquete el Sr. Rivas? _____

3. ¿Le vas a dar la dirección al Sr. Navas? _____

    _____

4. ¿Te está preparando las cartas la otra secretaria? _____

    _____

VI. Write a paragraph to describe what your childhood used to be like. Include the following information. (10 points)

   • what you looked like
   • what you were like
   • three things you used to do in grade school
   • two things you used to do with your family on weekends
   • one thing you used to do during the summer with your family

    _____

    _____

    _____

    _____

    _____

Nombre _____   Fecha _____

Capítulo 11

Prueba A

I. **Comprensión.** You will hear a conversation between a patient and her doctor. Mark the patient's symptoms with an **X** based on what you hear. You will hear the conversation twice. (10 points)

_____ fiebre   _____ sangrar   _____ dolor de estómago

_____ diarrea   _____ dolor de cabeza   _____ escalofríos

_____ estornudar   _____ estar mareada   _____ tos

_____ náuseas   _____ no tener hambre

II. Read the symptoms expressed by the following people and give each of them advice. Use these expressions: **Ud. debe, Ud. tiene que, Es necesario que,** and **Le aconsejo.** (6 points)

1. No puedo respirar; tengo tos y fiebre.

    _____

2. Tengo una infección de oído y me duele mucho.

    _____

3. Me corté y estoy sangrando mucho.

    _____

III. Edit these nonsense sentences about using a car by crossing out incorrect words and their articles. Write the logical words and articles above the sentences. (6 points)

1. Es necesario cambiar la gasolina cada dos meses o cada 5.000 kilómetros.

2. Si un niño corre enfrente de tu carro, debes pisar el acelerador.

3. Debes usar el parabrisas cuando llueve.

4. Es obligatorio abrocharse la matrícula antes de manejar.

5. Si el carro no arranca y las luces no funcionan, tienes un problema con la llanta.

6. Mi carro tiene cuatro volantes de Goodyear.

IV. Read the following incomplete miniconversations and circle the letter of the verb form that best completes each. (7 points)

1. — _____ a ir.

   — ¿Por qué no fuiste?

   a. Iba   b. Fui

2. — ¿Está casado Ramón?

   — Siempre pensaba que él estaba casado, pero ayer _____ que estaba divorciado.

   a. supe   b. sabía

3. — ¿Fuiste a hablar con tu jefe?

   — _____ que hablar con él, así que fui a su oficina, pero él no estaba.

   a. Tenía   b. Tuve

4. — Cuando entré a la universidad, ya _____ a algunos profesores.

   — ¡Qué suerte!

   a. conocía   b. conocí

5. — El detective _____ que ir a Managua.

   — ¿Qué encontró allí?

   a. tuvo   b. tenía

6. — Mientras _____ , escuchaba cintas de francés.

   — Así aprendió a hablar francés. ¡Qué interesante!

   a. manejó   b. manejaba

7. — ¿Qué hacías en Mayagüez?

   — Mientras _____ allí, trabajaba por la noche y pasaba los días en la playa.

   a. viví   b. vivía

V. The Vázquez family is about to go on vacation, so they check to make sure that all their errands are done. Complete the paragraph using the past participle of the appropriate verbs: **cerrar, pagar, perder,** and **terminar.** (4 points)

La cuenta *(bill)* del gas y la electricidad están _____. Todo el

trabajo está _____. Pero hay un problema, la puerta de la cocina

no está _____ porque la llave está _____

desde ayer.

VI. Julio and his friends are trying to outdo each other with stories from their past. Complete their conversation with the appropriate preterit or imperfect forms of the verbs in parentheses. (17 points)

JULIO   Ayer yo _____ a trabajar en el restaurante de la

esquina por primera vez. (ir)

ROBERTA   Y ¿qué _____? (pasar)

JULIO   Bueno, _____ a llegar temprano, pero

_____ mucho tráfico y _____

35 minutos tarde. (ir, haber, llegar)

ROBERTA   Entonces, ¿ _____ problemas en el trabajo? (tener)

JULIO   Bueno, no por llegar tarde... mientras yo _____ la

comida, de repente los platos _____ y el jefe me

_____. (servir, caerse, despedir)

PANCHO   ¡Eso no es nada! Cuando mi hermano _____ 16

años, _____ a su primer día de trabajo como

camarero y ¡_____ todos los vasos! (tener, llegar,

romper)

ELISA   Cuando yo _____ niña, _____

comiendo mientras _____ los platos y de repente

¡_____ un tenedor! (ser, estar, lavar, comerse)

ROBERTA   No les creo, amigos. ¡Uds. me _____ la semana

pasada y lo están haciendo ahora también! (mentir)

Nombre _____ Fecha _____

Capítulo 11

Prueba B

I. **Comprensión.** You will hear a conversation between a patient and his doctor. Mark the patient's symptoms with an **X** based on what you hear. You will hear the conversation twice. (10 points)

_____ fiebre	_____ estornudar	_____ escalofríos
_____ dolor de cabeza	_____ diarrea	_____ dolor de estómago
_____ estar mareado	_____ náuseas	_____ tos
_____ no tener hambre	_____ sangrar	

II. Edit these nonsense sentences about using a car by crossing out incorrect words and their articles. Write the logical words and articles above the sentences. (6 points)

1. El carro necesita dos líquidos: la gasolina y el volante.

2. Si quieres ir más rápido, debes pisar el freno.

3. Es obligatorio abrocharse la llanta antes de manejar.

4. Cuando llueve, debes usar el embrague para limpiar el parabrisas.

5. Mi carro tiene cuatro matrículas de Michelín.

6. Cuando manejas de noche, tienes que usar el baúl para ver.

III. Rafael and his wife sell real estate. Complete this memo from Rafael's wife using the past participle of the appropriate verbs: **comprar, invitar, preparar,** and **vender.** (4 points)

Rafael:

El último apartamento está _____, y la comida para la fiesta de

celebración está _____. Todas las personas están

_____; mandé las invitaciones ayer. La comida y las bebidas están

_____ y alguien de la cafetería va a llevarlas a casa; no tienes que

pagarle nada.

IV. Think about this semester and write a sentence about each of the following ideas using the preterit or the imperfect of **conocer, saber,** and **tener que.** (6 points)

- a person you met this semester
- when you found out the date of the final exam for this class
- one thing you were supposed to do last week, but you didn't

1. _____

2. _____

3. _____

V. (a) Combine ideas from the following two columns to write sentences about embarrassing situations. Remember to use the imperfect and preterit to explain what the people were doing when their actions were interrupted. (6 points)

María / besar a su novio   su padre / entrar

Nosotros / escuchar al profesor en clase   ver a su ex novia

Pablo / bailar con una chica   caerse

                                                  ver a su novio

                                                  dormirse

1. _____

2. _____

3. _____

(b) Now write about an embarrassing situation that happened to you. Explain what you were doing and what interrupted your action. (2 points)

_____

VI. Write a paragraph about the last car accident you saw. Include the following information and remember to use the preterit and the imperfect. (16 points)

- where you were
- what you were doing when you saw the accident
- time of day
- weather
- ambulance? police?
- …

_____

_____

_____

_____

_____

Nombre _____   Fecha _____

Capítulo 12

Prueba A

I. **Comprensión.** A waiter is taking an order from a couple. Listen to their
    conversation and complete the following chart. You will hear the conversation twice.
    (12 points)

	Señora	Señor
Primer plato	_____	_____
Segundo plato	_____	_____
Bebida	_____	_____

II. Complete the following sentences with the appropriate geography-related words.
    (6 points)

1. Gilligan vive en una _____; la prisión de Alcatraz también

    está en una de éstas.

2. Los grandes barcos como el *Titanic* viajan por el _____.

3. Muchos turistas visitan las _____ del Iguazú en Argentina

    y las del Niágara en los Estados Unidos.

4. Suramérica es impresionante, desde las _____ de los

    Andes hasta las aguas azules del _____ Amazonas.

5. El león, el tigre y Tarzán viven en la _____.

III. Read the sentences in the first column and match them with the most logical response from the second column. Write the letter of the matching response in the space provided. Use each response only once. (5 points)

1. Trabajamos muchísimo, ¿verdad? _____
2. ¿Viste ese carro rojo y morado? _____
3. Me gustaría un helado. _____
4. Sandra nos invitó a una fiesta. _____
5. ¿Va a tener música? _____

a. ¿Y desea algo más?

b. No, ni banda ni discos compactos.
   ¡Qué aburrido!

c. Sí, ¡qué cursi!

d. A lo mejor está en el valle.

e. Sin embargo, yo no estoy
   cansado. ¿Y tú?

f. ¡Qué chévere!

IV. Tomás' mother is writing an email about her son's birthday party. Read her message and complete it with the appropriate past participle forms of the following verbs: **abrir, cubrir, escribir, hacer, preparar,** and **terminar.** Some verbs may be used more than once. (6 points)

Querida Marisol:

Ayer, viernes por la noche, todo estaba _____ para la fiesta

de Tomás el sábado. Las invitaciones estaban _____ y la torta

estaba _____. Hoy, sábado por la noche, no puedes imaginar la

escena que veo: los regalos están _____ y la mesa está

_____ de platos sucios. Parece que finalmente la fiesta ya está

_____. Ahora tengo que limpiarlo todo. Te escribo más mañana.

V. Read the following newspaper article about a daring rescue, and complete it with the appropriate preterit or imperfect forms of the following verbs: **correr, empezar, estar, llamar, mirar, oír, poder, tener, ser, venir,** and **ver.** (11 points)

Buenos Aires, 16 de abril

Ayer, mientras Pablo Herrera _____ corriendo por el parque

después de la escuela, _____ un grito. Cuando

_____ hacia el lugar del ruido, _____ a

dos hombres que le robaban la bolsa a una señora mayor. Inmediatamente el chico,

que sólo _____ 15 años, _____ a correr.

Mientras _____, _____ a la policía con su

móvil y por suerte, la policía _____ rápidamente. Los ladrones

no _____ escapar.

Después del accidente, Pablo nos dijo, "Durante esos cinco minutos sólo reaccioné

instintivamente. Y la policía y yo _____ más rápidos que los

ladrones."

VI. Look at the following chart and write sentences comparing the cars. Remember to use **más/menos... que** when comparing two things, or the superlative when comparing three or more things. (10 points)

Marca	Di Tello	Siroco	Fausto
Velocidad máxima	110 m/h	120 m/h	150 m/h
Tamaño	compacto	mediano	sedán
Precio	$259.999,99	$256.999,00	$290.999,99
Comparación final **** muy bueno * muy malo	***	****	**

1. Velocidad máxima: Fausto / Siroco

   _____

2. Precio: Di Tello / Siroco

   _____

3. Tamaño: Siroco / Di Tello

   _____

4. Velocidad máxima: Di Tello / Siroco / Fausto

   _____

5. Comparación final: Siroco / Di Tello / Fausto

   _____

Nombre _____   Fecha _____

Capítulo 12

Prueba B

I. **Comprensión.** A waiter is taking an order from a mother and her son. Listen to their conversation and complete the following chart. You will hear the conversation twice. (12 points)

	Señora	Hijo
Primer plato	_____	_____
Segundo plato	_____	_____
Bebida	_____	_____

II. Write the geographical term or musical instrument you associate with the following places or people. Then answer the riddle that follows using the letters indicated. (6 points)

1. Iguazú y Niágara
    ___ ___ ___ ___ ___ ___ ___
     8   9

2. Andes, Alpes y Rocosas *(Rockies)*
    ___ ___ ___ ___ ___ ___ ___
     3 4 5

3. Cancún, Puerto Vallarta y Florida
    ___ ___ ___ ___ ___
       2   12

4. Carlos Santana, Eric Clapton, Andrés Segovia
    ___ ___ ___ ___ ___ ___ ___
    10

5. John Bonham, Ringo Starr
    ___ ___ ___ ___ ___ ___ ___
          1   7

6. Golden Gate y Brooklyn
    ___ ___ ___ ___ ___ ___
       11 6

Es el más alto del hemisferio occidental. ¿Qué es?

___ ___ ___ ___ ___ ___ ___ ___ ___ ___ ___ ___ ___ ___ ___ ___
1 2   3 4 5 6 1   7 8 4 5 8 9 10 11 12

III. Read the sentences in the first column and match them with the most logical response from the second column. Write the letter of the matching response in the space provided. Use each response only once. (5 points)

1. ¿Viste a esa chica con pelo blanco, verde y morado? _____

2. Quisiera un café, por favor. _____

3. Mañana salgo para Europa. _____

4. Hoy dormiste mucho, ¿no? _____

5. ¿Van a tener música en la fiesta? _____

a. ¿Y desea algo más?

b. ¡Qué chévere!

c. Ahora mismo van.

d. Sí, ¡qué cursi parecía!

e. No, ni discos compactos ni banda. ¡Qué aburrido!

f. Sí, pero sin embargo, estoy cansada.

g. No vale la pena.

IV. Inés has been busy preparing for a big party tonight but had to go to work. Her mother, who had come over to help her get ready, has written her a note. Read the note and complete it with the appropriate past participle forms of the following verbs: **abrir, acostar, bañar, escribir, hacer, poner.** (6 points)

Querida Inés:

Espero que no estés muy cansada. Trabajé bastante y ahora la casa está muy limpia.

La comida ya está _____ y la mesa está _____.

Como hace un día muy bonito, las ventanas están _____. Vino tu

amiga Marta para estar con los niños. Los niños ya están _____ y

_____ (son unos niños buenos). La lista de los invitados está

_____ y la puse en la mesa. Mucha suerte,

Mamá

V. Compare three universities you are familiar with. Write three sentences to compare two of them and two sentences to compare all three. Use the following information in your sentences. (10 points)

número de estudiantes
tamaño de la universidad
precio
atractiva
comparación general (buena/mala)

¿Cuáles son las tres universidades que vas a comparar?

_____, _____, _____

1. _____

2. _____

3. _____

4. _____

5. _____

VI. Write an email to a friend describing the last vacation you took. Use the preterit and imperfect and include the following information. (11 points)

- weather
- who you went with
- what you did there
- what the place was like

_____

_____

_____

_____

_____

Nombre _____   Fecha _____

Capítulos 10–12

Examen

I. **Comprensión.** A waiter is taking an order from a couple. Listen to their conversation and complete the following chart. You will hear the conversation twice. (12 points)

	Señora	Señor
Primer plato	_____	_____
Segundo plato	_____	_____
Bebida	_____	_____

II. Read the following sentences and complete each one with the appropriate word or phrase. (8 points)

1. Cuando vas al médico, te da una _____ para que con ésta compres medicinas.

2. Cuando mandas una carta, pones una _____ en el sobre, arriba a la derecha.

3. Gilligan vive en una _____; la prisión de Alcatraz también está en una de éstas.

4. Cuando montas en motocicleta, debes usar un _____ en la cabeza.

5. Cuando una persona viaja en un barco que se mueve mucho, a veces está _____ y por eso toma Dramamina.

6. Muchos turistas visitan las _____ del Iguazú en Argentina y las del Niágara en los Estados Unidos.

7. Cuando a una persona le duele la cabeza, generalmente se toma dos

   _____.

8. El tigre, el león y Tarzán viven en la _____.

III. Read the sentences in the first column and match them with the most logical response from the second column. Write the letter of the matching response in the space provided. Use each response only once. (6 points)

1. ¿Sabes dónde está Andrés? _____   a. Yo la vi y creo que vale la pena.

2. Para su aniversario le compró una cama   b. ¿Y desea algo más?

   en forma de corazón. _____   c. Sin embargo no estoy cansado.

3. Voy a hacer una fiesta en el Ritz. _____ d. ¿Cómo? ¡Qué cursi!

4. Voy a ver la exhibición del museo. _____ e. Se jugó la vida.

5. Yo quiero una ensalada. _____   f. Te va a salir cara.

6. ¿Van a tener música en la fiesta? _____ g. A lo mejor está en su casa.

                                             h. No, ni banda ni discos compactos.

                                                ¡Qué aburrido!

IV. Read the following incomplete statements and circle the letter of the verb form that best completes each. (10 points)

1. Ayer _____ que ella se va a casar. ¡Qué chévere!

   a. sabía   b. supe

2. Mientras tu dormías, tu hermano _____ televisión.

   a. miraba   b. miró

3. Le _____ los programas violentos de televisión.

   a. molesta   b. molestan

4. El viernes pasado _____ a ir a la playa, pero comenzó a llover.

   a. fui   b. iba

5. Les _____ la playa el Rodadero en Santa Marta.

   a. encantan   b. encanta

6. Anoche _____ a la madre de mi novia. Me pareció simpática.

   a. conocía   b. conocí

7. Ayer _____ que ir al médico, pero no fui.

   a. tuve   b. tenía

8. Pobrecita, le _____ el oído.

   a. duele   b. duelen

9. Ni él ni yo _____ a la universidad.

   a. voy   b. vamos

10. Todavía me _____ cinco libros.

   a. falta   b. faltan

V. Read the following newspaper article about a daring rescue, and complete it with the appropriate preterit or imperfect forms of the following verbs: **correr, empezar, estar, llamar, mirar, oír, poder, tener, ser, venir,** and **ver.** (22 points)

Buenos Aires, 16 de abril

Ayer, mientras Pablo Herrera _____ corriendo por el parque

después de la escuela, _____ un grito. Cuando

_____ hacia el lugar del ruido, _____ a

dos hombres que le robaban la bolsa a una señora mayor. Inmediatamente el chico,

que sólo _____ 15 años, _____ a

correr. Mientras _____ , _____ a la

policía con su móvil y por suerte, la policía _____

rápidamente. Los ladrones no _____ escapar.

Después del accidente, Pablo nos dijo, "Durante esos cinco minutos sólo reaccioné

instintivamente. Y la policía y yo _____ más rápidos que los

ladrones."

VI. Tomás' mother is writing an email about her son's birthday party. Read her message and complete it with the appropriate past participle forms of the following verbs: **abrir, cubrir, escribir, hacer, preparar,** and **terminar.** Some verbs may be used more than once. (6 points)

Querida Marisol:

Ayer, viernes por la noche, todo estaba _____ para la

fiesta de Tomás el sábado. Las invitaciones estaban _____ y la

torta estaba _____. Hoy, sábado por la noche, no puedes

imaginar la escena que veo: los regalos están _____ y la mesa

está _____ de platos sucios. Parece que finalmente la fiesta ya

está _____. Ahora tengo que limpiarlo todo. Te escribo más

mañana.

VII. Sonia is asking her friend Adriana about Christmas presents. Complete Adriana's answers using direct- and indirect-object pronouns when possible. (8 points)

1. — ¿Y les pediste una bicicleta a tus padres?

   — Sí, _____.

2. — ¿Y tú le compraste el bate a tu hermano?

   — No, _____.

3. — ¿Y tus padres te van a dar un regalo caro?

   — No, _____.

4. — ¡Ah! Me olvidaba. ¿Me trajiste mis patines en línea?

   — Sí, _____.

VIII. Look at the following chart and write sentences comparing the cars. Remember to use **más/menos... que** when comparing two things, or the superlative when comparing three or more things. (10 points)

Marca	Di Tello	Siroco	Fausto
Velocidad máxima	110 m/h	120 m/h	150 m/h
Tamaño	compacto	mediano	sedán
Precio	$259.999,99	$256.999,00	$290.999,99
Comparación final **** muy bueno * muy malo	***	****	**

1. Velocidad máxima: Fausto / Siroco

   _____

2. Precio: Di Tello / Siroco

   _____

3. Tamaño: Siroco / Di Tello

   _____

4. Velocidad máxima: Di Tello / Siroco / Fausto

   _____

5. Comparación final: Siroco / Di Tello / Fausto

   _____

IX. Read this ad for a car rental agency and answer the questions that follow. Use complete sentences. (8 points)

ALQUICARRO

MÁS CARROS

MÁS CONFORT

MÁS ECONÓMICO

Económico	Grande	Minivan
$29 por día	$40 por día	$46 por día
$90 por semana	$180 por semana	$253 por semana

Si Ud. está buscando un carro para alquilar en Uruguay, no hay mejor lugar que **ALQUICARRO.** Tenemos la mejor selección de carros nuevos: Fiat, Peugeot, Renault, BMW, Mercedes convertibles y muchos más. Todos los carros incluyen kilometraje ilimitado y además le aseguramos que va a recibir un servicio rápido en el aeropuerto de Montevideo. Todos los precios están en dólares. Y por esta semana solamente, Ud. puede obtener descuentos en el Hotel Victoria, en el corazón de la ciudad.

ALQUICARRO. La empresa que sabe de carros.

Montevideo • Punta del Este • Colonia • Pelotas

1. ¿Cuánto cuesta alquilar un carro grande por una semana? _____

_____

2. Nombra dos beneficios que se pueden obtener cuando se alquila un carro en esta

agencia. _____

_____

3. ¿En qué moneda (currency) están los precios de los carros? _____

_____

4. ¿En qué ciudad hay aeropuerto? _____

X. Write an email to a friend describing the last vacation you took. Use the preterit and imperfect and include the following information. (10 points)

- weather
- who you went with
- what you did there
- what the place was like

_____

_____

_____

_____

_____

Transcript for
Listening Comprehension Activities
in the Test and Quiz Bank

Capítulo 1

Prueba A

I. **Comprensión.** Listen to a conversation between a policeman and a witness to a crime. Write the following information about the witness based on what you hear. You will hear the conversation twice. Read the items below before listening.

POLICÍA	Buenos días.
HOMBRE	B-B-B-B-Buenos días.
POLICÍA	¿Cómo se llama Ud.?
HOMBRE	¿Mi nombre?
POLICÍA	Sí, ¿cómo se llama?
HOMBRE	Felipe.
POLICÍA	¿Y sus apellidos?
HOMBRE	López Sánchez.
POLICÍA	Bien, López Sánchez.
HOMBRE	Sí, señor.
POLICÍA	Sr. López, ¿de qué nacionalidad es?
HOMBRE	Soy colombiano. De Bogotá, la capital.
POLICÍA	Ah, colombiano. Bien. Y ¿cuántos años tiene Ud.?
HOMBRE	57.
POLICÍA	47.
HOMBRE	No, tengo 57 años.
POLICÍA	Perdón, 57. ¿Cuál es su número de teléfono?
HOMBRE	239-6804.
POLICÍA	239-7804.
HOMBRE	6804.
POLICÍA	Bien. Felipe López Sánchez de 57 años y su teléfono es 239-6804.
HOMBRE	Sí, señor.
POLICÍA	¿Me quiere decir qué vio Ud. el viernes pasado en el metro?

Prueba B

I. **Comprensión.** You will hear a conversation between a young woman registering for classes and a receptionist. Write the following information about the young woman based on what you hear. You will hear the conversation twice. Read the items below before listening.

ESTUDIANTE	Buenas tardes.
RECEPCIONISTA	Buenas tardes. ¿Cómo se llama Ud.?
ESTUDIANTE	Me llamo Paula Cano.
RECEPCIONISTA	Paula Cano. ¿Y su segundo apellido?
ESTUDIANTE	Paula Cano Pérez.
RECEPCIONISTA	Bien, Srta. Cano, ¿de qué nacionalidad es?
ESTUDIANTE	Soy paraguaya. De Asunción, la capital.
RECEPCIONISTA	Ah, paraguaya. Bien. Y ¿cuántos años tiene Ud.?
ESTUDIANTE	25.

RECEPCIONISTA	¿Perdón? ¿35? (said with disbelief)
ESTUDIANTE	No, no. Tengo 25 años.
RECEPCIONISTA	25. ¿Cuál es su número de teléfono?
ESTUDIANTE	345-6607.
RECEPCIONISTA	345-7607.
ESTUDIANTE	6607.
RECEPCIONISTA	Bien. Paula Cano Pérez de 25 años y su teléfono es 345-6607.
ESTUDIANTE	Sí, señora.
RECEPCIONISTA	Ahora, ¿me quiere decir cómo va a pagar la matrícula?

Capítulo 2

Prueba A

I. **Comprensión.** Marcos and Elena are newlyweds and have to buy several items for their new apartment. Listen to their conversation and write **M** for Marcos and **E** for Elena to indicate who will purchase the item. You will hear the conversation twice.

MARCOS	Tengo que comprar jabón y crema de afeitar.
ELENA	¿No vas a comprar pasta de dientes?
MARCOS	Ah, sí... jabón, crema de afeitar y pasta de dientes.
ELENA	Y yo tengo que comprar café y dos toallas.
MARCOS	¿Quién va a comprar una lámpara?
ELENA	Tú, ¿no?
MARCOS	Vale. Si yo voy a comprar la lámpara, tú tienes que comprar plantas.
ELENA	Ay, claro, me gustan las plantas.
MARCOS	Hasta luego.
ELENA	Chau.
MARCOS	¡Ay! ¿Y el periódico?
ELENA	Yo voy a comprar el periódico.
MARCOS	Gracias, adiós.
ELENA	Hasta luego.

Prueba B

I. **Comprensión.** Marcos and Elena are newlyweds and have to buy several items for their new apartment. Listen to their conversation and write **M** for Marcos and **E** for Elena to indicate who will purchase the item. You will hear the conversation twice.

MARCOS	Tengo que comprar un escritorio y una silla.
ELENA	Y yo pasta de dientes, champú y un diccionario.
MARCOS	¿No vas a comprar crema de afeitar?
ELENA	Ah, claro, un diccionario, pasta de dientes, champú y crema de afeitar.
MARCOS	¿Quién va a comprar una lámpara?
ELENA	Tú, ¿no?
MARCOS	Vale, pero entonces si yo compro una lámpara, tú tienes que comprar el periódico.
ELENA	Vale, tú una lámpara y yo el periódico. Hasta luego.
MARCOS	Chau.

Capítulo 3

Prueba A

*(Note: The following listening comprehension is used in **Capítulo 3, Prueba A** and in the exam for **Capítulos 1–3**.)*

I. **Comprensión.** Marta wants to be a "host sister" to a foreign student. She contacts the director of the student-exchange program, who asks her a few questions about her interests and weekend activities. Listen to the conversation and complete the following form based on what you hear. You will hear the conversation twice.

DIRECTORA	Bueno, ¿y cómo te llamas?
MARTA	Marta Granados.
DIRECTORA	¿Granados?
MARTA	Sí. Granados. Ge-ere-a-ene-a-de-o-ese.
DIRECTORA	Y... Marta. Eres estudiante, ¿no?
MARTA	Sí, soy estudiante. Estudio arte.
DIRECTORA	Bien, bien... ¿Y qué te gusta hacer?
MARTA	Bueno, me gusta leer ciencia ficción. Leo mucho. También escucho música rock y voy bastante a conciertos de rock. Esteee... ¿qué más? Bueno, los fines de semana salgo con mis amigos. Bailamos, comemos en restaurantes y...
DIRECTORA	Bien, bien. Eh... a ver... ¿Te gustaría recibir a una estudiante portuguesa?
MARTA	¿Portuguesa... ? No. Me gustaría una estudiante francesa o colombiana.
DIRECTORA	Bueno. ¿Y hablas francés?
MARTA	Sí, hablo francés y también hablo un poco de inglés.
DIRECTORA	Muy bien. ¿Qué más?
MARTA	Me gustaría una persona optimista, activa y... simpática. Sí, simpática.
DIRECTORA	Bien, bien. Optimista, activa, simpática... ¿Es todo?
MARTA	Sí, gracias.
DIRECTORA	Bueno, entonces te vamos a llamar por teléfono. ¡Ah! ¿Cuál es tu teléfono?
MARTA	546-7390.
DIRECTORA	546-7390. Bien... Bueno, Marta. Mucha suerte.
MARTA	Gracias, señora. Buenos días.
DIRECTORA	Adiós, Marta.

Prueba B

I. **Comprensión.** Claudia wants to be a "host sister" to a foreign student. She contacts the director of the student-exchange program, who asks her a few questions about her interests and weekend activities. Listen to the conversation and complete the following form based on what you hear. You will hear the conversation twice.

DIRECTOR	Bueno. ¿Y cómo te llamas?
CLAUDIA	Claudia Samaniego.
DIRECTOR	¿Samaniego?
CLAUDIA	Sí, Samaniego. Ese-a-eme-a-ene-i-e-ge-o.
DIRECTOR	Eres estudiante, ¿no?
CLAUDIA	No, soy secretaria.
DIRECTOR	¡Ah, eres secretaria!
CLAUDIA	Sí, en una compañía de computadoras.
DIRECTOR	Bien, bien... ¿Y qué te gusta hacer?
CLAUDIA	Bueno, me gusta mirar videos. Miro mucha televisión. También escucho música clásica. Los fines de semana salgo con mis amigos y vamos a la playa. Esteee... bueno. Salimos a bailar o a comer en restaurantes, y...

DIRECTOR	Bien, bien. Eh... a ver... ¿Te gustaría recibir a una estudiante alemana?
CLAUDIA	Ah... alemana, no. Me gustaría una estudiante inglesa o norteamericana.
DIRECTOR	Bueno. ¿Y hablas inglés?
CLAUDIA	Sí, hablo inglés. Estudio ahora en un instituto.
DIRECTOR	Muy bien. ¿Qué más?
CLAUDIA	Me gustaría una persona simpática, interesante y liberal. Sí, sí, liberal.
DIRECTOR	Simpática, interesante y liberal... Bien, bien. Entonces te vamos a llamar por teléfono. ¡Ah! ¿Cuál es tu teléfono?
CLAUDIA	675-5332.
DIRECTOR	675-5332. Bien. Bueno, Claudia. Mucha suerte.
CLAUDIA	Gracias, señor. Hasta luego.
DIRECTOR	Buenos días, Claudia.

Capítulos 1–3

Examen

I. **Comprensión.** *(See Capítulo 3, Prueba A for the listening comprehension script.)*

Capítulo 4

Prueba A

I. **Comprensión.** *(a)* You will listen to three people talk about their birthday. As you listen, write the date of each person's birthday as follows: If you hear, **Mi cumpleaños es el 11 de octubre**, you write **11/10**.

Me llamo Jorge y mi cumpleaños es el 10 de enero. En mi cumpleaños me levanto tarde y no voy a la oficina. No me gusta trabajar el día de mi cumpleaños.

Mi nombre es Luciana, tengo 90 años y el día de mi cumpleaños es un día muy especial. Ese día me maquillo, porque generalmente no me maquillo, pero ese día me maquillo y estoy muy, muy bonita. ¡Ah! Mi cumpleaños es el 21 de septiembre, el día de la primavera.

Me llamo Raúl y la fecha de mi cumpleaños es en junio, el 15 de junio. Yo tengo barba y nunca me afeito, pero el día de mi cumpleaños, me afeito la barba. A mis amigas no les gusta mi barba y el día de mi cumpleaños ellas comentan, "¡Raúl, hombre! ¡No tienes barba! ¡Qué guapo estás hoy!"

(b) Now listen to the people again and write in the chart above one activity that each person does on his or her birthday.

Prueba B

I. **Comprensión.** *(a)* You will listen to three people talk about their birthday. As you listen, write the date of each person's birthday as follows: If you hear, **Mi cumpleaños es el 11 de octubre**, you write **11/10**.

Me llamo Viviana y mi cumpleaños es el 17 de octubre. En mi cumpleaños no me pongo la ropa en todo el día. Estoy en mi casa con el pijama. Sí, es muy confortable.

Mi nombre es Gabriel, tengo 80 años y el día de mi cumpleaños es un día muy especial. Ese día no me afeito y tengo un poquito de barba blanca. Mi familia me dice, "¡Qué feo estás!", pero yo no me afeito. ¡Ah! Mi cumpleaños es el 21 de diciembre, el primer día del verano.

Me llamo Andrea y la fecha de mi cumpleaños es el 15 de abril. Pues, en mi día me levanto tarde porque me gusta dormir. Sí, me levanto a las 12:00. ¡Qué bueno!

(b) Now listen to the people again and write in the chart above one activity that each person does or doesn't do on his or her birthday.

Capítulo 5

Prueba A

I. **Comprensión.** You will hear three short conversations. Answer the following questions based on what you hear. You will hear each conversation twice.

Conversación A

HOMBRE	¿Y su novio es centroamericano también?
MUJER	No, suramericano. Es de Colombia.
HOMBRE	¿Y vive allí?
MUJER	No, ahora él trabaja en Costa Rica.
HOMBRE	¿De veras?
MUJER	Sí, él vive en Centroamérica con su familia.
HOMBRE	¡Ah! Interesante. Yo soy costarricense.

Conversación B

MUJER 1	Por favor, esta blusa rosada, ¿de qué es?
MUJER 2	La rosada es de seda.
MUJER 1	¿Y esta blusa azul?
MUJER 2	La blusa azul es de rayón.
MUJER 1	¿Cuánto cuestan?
MUJER 2	La blusa de seda cuesta sólo 45 pesos y la otra cuesta 70 pesos.
MUJER 1	¿Por qué cuesta más la blusa de rayón?
MUJER 2	Porque es Óscar de la Renta.
MUJER 1	Ah, entiendo. Pues, quiero la blusa de seda. De verdad prefiero la seda al rayón.
MUJER 2	Bien. ¿Algo más?
MUJER 1	No.
MUJER 2	45 pesos, por favor.

Conversación C

PADRE	Bueno, ¿qué quieres hacer?
HIJO	No sé.
PADRE	Pues, ¿prefieres ir al cine o al parque?
HIJO	Al cine.
PADRE	Bien, empieza a las 7:20.
HIJO	¿Y qué hora es?
PADRE	Son las 6:30.
HIJO	Entonces, quiero comer un sándwich primero.
PADRE	Está bien. La película empieza a las 7:20 y hay tiempo. Tenemos 50 minutos.

Prueba B

I. **Comprensión.** You will hear three short conversations. Answer the following questions based on what you hear. You will hear each conversation twice.

Conversación A

MUJER   ¿Y su hija es suramericana también?
HOMBRE   No, es centroamericana. Es de aquí, de Panamá.
MUJER   ¿Y vive con Ud.?
HOMBRE   No, ahora estudia en Madrid.
MUJER   ¡Ah! ¡En España! Mi hermano también vive en Madrid.

Conversación B

HOMBRE   ¿Qué prefieres hacer, ir a la película a las 9:30 y comer algo primero o ir al concierto a las 7:00 y comer algo después?
MUJER   Prefiero ir al concierto porque me gusta la música, pero tengo que ir a la biblioteca esta tarde.
HOMBRE   Bueno, pero, ¿a qué hora vuelves de la biblioteca?
MUJER   No sé, puede ser a las 7:30. Entonces, ¿vamos a la película?
HOMBRE   Sí, vamos a comer algo primero y después vamos a ver la película que empieza a las 9:30, creo; sí, a las 9:30.

Conversación C

HOMBRE   Por favor, ¿de qué es este suéter negro?
MUJER   ¿El negro? Es de lana.
HOMBRE   ¿Y este suéter gris?
MUJER   El suéter gris es de algodón.
HOMBRE   ¿Cuánto cuestan?
MUJER   El suéter de lana cuesta sólo 50 pesos y el otro cuesta 75 pesos.
HOMBRE   ¿Por qué cuesta más el suéter de algodón?
MUJER   Porque es Christian Dior.
HOMBRE   Ah, entiendo. Pues quiero el suéter de lana. De verdad prefiero la lana al algodón.
MUJER   ¿Algo más?
HOMBRE   No.
MUJER   50 pesos, por favor.

Capítulo 6

Prueba A

*(Note: The following listening comprehension is used in **Capítulo 6, Prueba A** and in the exam for **Capítulos 4–6**.)*

I.   **Comprensión.** You will hear a conversation between Lucía and Débora about a friend of Lucía's and some things Lucía bought. Read the following sentences, then listen to the conversation and write **C** if the statements are true and **F** if they are false. You will hear the conversation twice.

DÉBORA   ¿Qué tal, Lucía? ¿Adónde vas?
LUCÍA   Al correo. Voy a mandarle un regalo de boda a mi amiga Andrea, que se casó el mes pasado.
DÉBORA   ¿¡Andrea!? ¿Se casó por fin con Mauricio, tu primo, o con tu hermano?
LUCÍA   Con mi primo Mauricio; mi hermano sale con otra mujer ahora y... y la semana pasada se fueron a vivir a Canadá. Una compañía le ofreció a ella un trabajo fabuloso, y él dice que va a buscar algo... ¡Huy! No me gustaría vivir en Canadá. ¡Qué frío hace allí!
DÉBORA   ¿Y tú no fuiste a la boda?
LUCÍA   No, el viaje por avión es carísimo. Cuesta unos seiscientos doce mil pesos.
DÉBORA   ¡Seiscientos doce mil! ¡Qué horror! Pero, dime, ¿qué más compraste?
LUCÍA   Pues mira, le compré una camisa de seda blanca a mi esposo.

DÉBORA	¡De seda blanca! ¿Y cuánto te costó?
LUCÍA	Treinta mil ochocientos pesos.
DÉBORA	¡Pero qué buen precio, mujer!
LUCÍA	Sí, no fue muy cara; pero mira esta chaqueta de cuero negro.
DÉBORA	¡Qué preciosa! ¿Cuánto te costó?
LUCÍA	No lo vas a creer, pero me costó solamente sesenta y dos mil seiscientos pesos.
DÉBORA	¿Dónde la compraste? Sesenta y dos mil seiscientos no es nada. Yo quiero una.

Prueba B

I. **Comprensión.** You will hear a conversation between Juan and José about some things Juan bought for a present. Read the following sentences, then listen to the conversation and write **C** if the statements are true and **F** if they are false. You will hear the conversation twice.

JOSÉ	Hola, Juan. ¿De dónde vienes?
JUAN	De las tiendas. Acabo de comprarle un regalo a mi tío Luis, que celebró su cumpleaños el mes pasado.
JOSÉ	Es un poco tarde para comprarle el regalo a tu tío, ¿no?
JUAN	No, porque mis primos y mi tía sólo le hicieron la fiesta a tío Luis la semana pasada; pero yo no fui porque no tengo plata. El viaje por avión a Bogotá cuesta unos seiscientos treinta y cinco mil pesos.
JOSÉ	¡Qué barbaridad! Seiscientos treinta y cinco mil. ¡Qué caro! ¿Y... y qué le compraste?
JUAN	Pues mira, le compré una corbata de seda negra bellísima.
JOSÉ	¡Qué bonita! ¿Cuánto te costó?
JUAN	¡Muy barata! Dieciséis mil trescientos cincuenta pesos.
JOSÉ	¿Dieciséis mil trescientos cincuenta pesos? ¡Pero qué buen precio por una corbata de seda!
JUAN	Sí, y mira, conseguí una camisa amarilla de algodón. Me costó treinta mil quinientos.
JOSÉ	Ésa me parece un poco cara.
JUAN	Sí, es verdad; no fue barata. Treinta mil quinientos es bastante, pero creo que a mi tío le va a gustar.
JOSÉ	Sí, es muy bonita. ¡Qué suerte tiene tu tío! Me gustaría tener un sobrino como tú.

Capítulos 4–6

Examen

I. **Comprensión.** *(See **Capítulo 6, Prueba A** for the listening comprehension script.)*

Capítulo 7

Prueba A

I. **Comprensión.** You will hear a telephone conversation between a hotel receptionist and a woman making a reservation. Mark the information on the following reservation form based on what you hear. You will hear the conversation twice.

RECEPCIONISTA	Hotel Los Arcos, dígame.
MUJER	Sí, quisiera hacer una reserva.
RECEPCIONISTA	¿Para cuándo?
MUJER	Del 3 de febrero al 7 de febrero.
RECEPCIONISTA	Un minuto, por favor... *(speaking to himself)* del 3 al 7 de febrero. *(speaking to client)* ¿Para cuántas personas?
MUJER	Dos.

RECEPCIONISTA	Una habitación doble. ¿Con dos camas o una?
MUJER	Dos, por favor.
RECEPCIONISTA	¿Con baño o sin baño?
MUJER	Con baño.
RECEPCIONISTA	¿Y quiere Ud. media pensión, pensión completa o sólo el desayuno?
MUJER	El desayuno solamente. Preferimos no comer en el hotel, porque vamos a visitar a unos amigos en Segovia y vamos a comer y cenar con ellos.
RECEPCIONISTA	Bien, solamente el desayuno. ¿A nombre de quién?
MUJER	Pilar Romero Fuentes.
RECEPCIONISTA	Pilar Romero Fuentes. ¿Algo más?
MUJER	Nada más. Muchas gracias. Adiós.

Prueba B

I. **Comprensión.** You will hear a telephone conversation between a hotel receptionist and a woman making a reservation. Mark the information on the following reservation form based on what you hear. You will hear the conversation twice.

RECEPCIONISTA	Hotel Los Arcos, dígame.
MUJER	Sí, quisiera hacer una reserva.
RECEPCIONISTA	¿Para qué fechas?
MUJER	Del 14 de abril al 17 de abril.
RECEPCIONISTA	Un minuto, por favor... *(speaking to himself)* del 14 al 17 de abril. *(speaking to client)* ¿Para cuántas personas?
MUJER	Una persona. Voy sola.
RECEPCIONISTA	Una habitación sencilla. ¿Con baño o sin baño?
MUJER	Con baño, por supuesto.
RECEPCIONISTA	Bien. ¿Quiere Ud. media pensión, pensión completa o sólo el desayuno?
MUJER	Prefiero comer todas las comidas en el hotel porque es un viaje de negocios y no tengo tiempo para buscar restaurantes.
RECEPCIONISTA	Perfecto. ¿A nombre de quién?
MUJER	Pilar Romero Fuentes.
RECEPCIONISTA	Pilar Romero Fuentes. ¿Algo más?
MUJER	Nada más. Muchas gracias. Adiós.

Capítulo 8

Prueba A

I. **Comprensión.** Listen to this telephone conversation between a real estate agent and a client. Mark with an X the features the client is looking for in an apartment, based on what you hear. You will hear the conversation twice.

AGENTE	La Casa Ideal. ¿Aló?
CLIENTE	Buenos días. Busco un apartamento.
AGENTE	¿Qué busca Ud. exactamente?
CLIENTE	Necesito un apartamento que tenga dos dormitorios porque tengo un hijo. También es importante que tenga muebles porque no tenemos nada aquí y sólo vamos a estar un año en Guadalajara. También prefiero que sea con garaje porque nunca encuentro un lugar para dejar el auto.
AGENTE	¿Quisiera Ud. algo más, como un apartamento con balcón, portero... ?
CLIENTE	Ah, sí, es muy importante que tenga portero; el portero mantiene el edificio limpio.
AGENTE	Bueno... Vamos a ver... Tengo un apartamento perfecto para Ud. que está en la calle...

I. **Comprensión.** Listen to this telephone conversation between a real estate agent and a client. Mark with an **X** the features the client is looking for in an apartment, based on what you hear. You will hear the conversation twice.

AGENTE	La Casa Ideal. ¿Aló?
CLIENTE	Buenas tardes. Busco un apartamento.
AGENTE	¿Qué busca exactamente?
CLIENTE	Necesitamos un apartamento con tres dormitorios porque tenemos dos hijos y una hija.
AGENTE	¿Lo quiere amueblado o sin muebles?
CLIENTE	No, amueblado no porque tenemos muebles.
AGENTE	¿Quisiera Ud. algo más... garaje, por ejemplo?
CLIENTE	No, no tengo auto.
AGENTE	¿Balcón, portero, comedor... ?
CLIENTE	Ah, sí, un portero me parece buena idea, porque mi mujer y mis hijos van a estar solos porque viajo mucho. También sé que a mi mujer le gustaría tener balcón. Sí, sí, con balcón.
AGENTE	Bueno, vamos a ver... tenemos dos que pueden ser perfectos para Ud. Uno está en la calle...

Capítulo 9

Prueba A

*(Note: The following listening comprehension is used in **Capítulo 9, Prueba A** and in the exam for **Capítulos 7–9**.)*

I. **Comprensión.** You will hear a conversation between Marco and Gloria. Mark who did or is going to do the following things, based on what you hear. You will hear the conversation twice.

MARCO	Hola, Gloria. ¿Para dónde vas con tantas cosas?
GLORIA	¿No sabías? Acabo de alquilar un nuevo apartamento y...
MARCO	¿Y qué llevas ahí?
GLORIA	Pues compré algunas cosas para la cocina: unas ollas, unos platos; en fin... Y tengo que amueblarlo.
MARCO	¿No quieres que te ayude?
GLORIA	Ah, sí, por favor. ¡Tengo tanto que hacer! Por qué no vas a la mueblería y les pides que me manden los muebles de mi habitación y del comedor.
MARCO	Bueno, pero primero tengo que ir a buscar el carro... me lo están arreglando, y... luego voy a la mueblería. ¿O.K.?
GLORIA	Claro. Mientras tanto, yo voy a comprar algo de comida. O sea, pan, queso, algo de fruta... No hay nada en el apartamento y hay que comer, ¿no? Luego, esta tarde tengo que ir al aeropuerto y...
MARCO	¡Por el amor de Dios! Te vas a morir con tanto trabajo. ¿Y por qué vas al aeropuerto?... ¿Puedo hacer algo más por ti?
GLORIA	Pues... si insistes... Quizá puedas llamar al aeropuerto para confirmar la hora del vuelo. Es que mi padre viene a visitarme, pero es posible que el vuelo no llegue a tiempo. Es el vuelo 25 de Taca.
MARCO	Claro, yo llamo con mucho gusto. ¿Y algo más?
GLORIA	Nada... Sólo quiero que después vayas a mi apartamento y te comas unos sándwiches conmigo. ¿Sí?
MARCO	¡Encantado!
GLORIA	¡Ay! Estoy cansadísima. ¡No puedo más!

Prueba B

I. **Comprensión.** You will hear a conversation between Ana and Miguel. Mark who did or is going to do the following things, based on what you hear. You will hear the conversation twice.

MIGUEL   ¿Qué tal, Ana?

ANA   Hola. ¿Para dónde vas?

MIGUEL   A mi apartamento nuevo. Acabo de alquilarlo. ¿No lo sabías?

ANA   No, y... ¿qué llevas ahí?

MIGUEL   Pues, compré algo de comida; o sea, pan, jamón, huevos, aceite... en fin... Hay que comer, ¿no?

ANA   ¿Quieres que te ayude a limpiar y a arreglar el apartamento?

MIGUEL   No, gracias. Yo prefiero limpiar y arreglar. Lo voy a hacer esta tarde. Pero...

ANA   ¿Pero, qué?

MIGUEL   Quizá puedas preparar la cena. Esta noche vienen unos amigos a jugar a las cartas y quisiera hacer una cena para ellos. Somos cinco.

ANA   ¿Y qué tengo que hacer?

MIGUEL   Pues... poner la mesa, cortar cebolla, freír patatas...

ANA   ¡Un momento! ¡Un momento! Si tú esperas que yo cocine, es probable que tus amigos no coman nada. Yo... ¡no cocino!

MIGUEL   ¡Qué mala suerte! Bueno, yo preparo la comida y mientras tanto, tú juegas a las cartas por mí. Pero... al menos pones la mesa, ¿no?

ANA   Pues... sí... Puedo poner la mesa y jugar con tus amigos. ¡Qué lástima que **tú** tengas que cocinar, Miguel!

Capítulos 7–9

Examen

I. **Comprensión.** *(See Capítulo 9, Prueba A for the listening comprehension script.)*

Capítulo 10

Prueba A

I. **Comprensión.** You will hear Victoria describing her life when she was 10 years old. Read the following sentences, then listen carefully and write a **C** if they are correct and an **F** if they are false. You will hear the story twice.

Cuando tenía 10 años vivía en Alicante... una ciudad en la costa mediterránea de España. Cuando no estaban en la escuela, los otros niños iban a la playa. Allí nadaban y jugaban con sus amigos. Más tarde los niños iban al parque y jugaban al fútbol. A mí me gustaba la playa, pero no podía ir; mis padres trabajaban y mi abuelo estaba enfermo, y... y por eso yo pasaba todos los días con él. Mientras mis amigos nadaban y jugaban, yo me quedaba en casa con mi abuelo y él me hablaba de sus aventuras y escuchaba la radio. Ah, me fascinaba oír sus historias, pero no me gustaba la radio mucho. A... a mí me encantaba leer; leía mucho y todavía leo mucho. Me gustaban las novelas de detectives y de amor. No me molestaba estar en casa con mi abuelo. Al final del verano mi abuelo se murió; entonces el verano siguiente, cuando tenía 11 años, yo iba a la playa con mis amigos, pero echaba de menos ese verano que pasé con mi abuelo.

I.   **Comprensión.** You will hear Victoria describing her life when she was 10 years old. Read the following sentences, then listen carefully and write a **C** if they are correct and an **F** if they are false. You will hear the story twice.

Cuando tenía 10 años vivía en Salamanca, eee... una ciudad en el centro de España entre Madrid y Portugal. Cuando no estaban en la escuela, los otros niños iban al río Tormes a nadar. Allí tomaban el sol, comían y jugaban. A mí me gustaba ir al río, pero no podía ir; mis padres trabajaban y mi abuela estaba enferma, y... por eso yo pasaba el verano en un pueblo cerca de Salamanca con mi abuela. Nos sentábamos en la puerta de la casa y ella me explicaba cosas interesantes sobre la vida del pueblo. Como ella no podía cocinar, mm... me explicaba cómo preparar la comida. Aprendí rápidamente y me gustaba mucho. No me importaba estar con mi abuela porque era muy interesante y me enseñaba mucho. Durante el invierno, mi abuela se murió. El verano siguiente, cuando tenía 11 años, yo iba al río con mis amigos, pero muchas veces regresaba a casa temprano para preparar la comida para mi familia porque me acordaba de mi abuela y me gustaba cocinar. Pero... echaba de menos esos meses en el pueblo con una pobre señora enferma. Creo que voy a ser dueña de un restaurante en el futuro.

Capítulo 11

Prueba A

I.   **Comprensión.** You will hear a conversation between a patient and her doctor. Mark the patient's symptoms with an **X** based on what you hear. You will hear the conversation twice.

DOCTOR	Buenos días. ¿Cómo está Ud. hoy?
PACIENTE	Buenos días. Fatal. Estoy fatal. *(She starts coughing.)*
DOCTOR	¿Fuma Ud.?
PACIENTE	Sí, pero no mucho.
DOCTOR	Debe dejar de fumar.
PACIENTE	Ya lo sé. También tenía fiebre ayer, no muy alta, pero más alta de lo normal.
DOCTOR	¿Algo más? ¿Diarrea? ¿Vómitos? ¿Dolores?
PACIENTE	Tenía náuseas. Más que nada tenía náuseas y un dolor de cabeza horrible. *(She coughs again.)*
DOCTOR	Bien, tenía fiebre, dolor de cabeza y náuseas. ¿Vomitaba o sólo tenía náuseas?
PACIENTE	No, no vomité, pero me sentía muy mal.
DOCTOR	¿Le dolía el estómago? ¿Comió algo raro?
PACIENTE	No, no comí nada. No tenía ganas de comer, pero el estómago no me dolía.
DOCTOR	¿Tenía frío, después calor y después frío otra vez?
PACIENTE	Tenía calor, mucho calor, pero nunca tuve frío. *(She coughs again.)*
DOCTOR	Bueno, no parece ser nada serio, pero Ud. tiene que dejar de fumar. También debe ir a casa y descansar...

Prueba B

I.   **Comprensión.** You will hear a conversation between a patient and his doctor. Mark the patient's symptoms with an **X** based on what you hear. You will hear the conversation twice.

DOCTORA	Buenos días. ¿Cómo está Ud. hoy?
PACIENTE	Buenos días, doctora. Fatal. Estoy fatal. *(He starts coughing.)*
DOCTORA	¿Qué le pasa?
PACIENTE	Ayer en el trabajo tuve un dolor de cabeza horrible.
DOCTORA	¿Sólo dolor de cabeza?

PACIENTE	No, no, no. *(He coughs again.)* Ayer por la mañana al subir al octavo piso —es que trabajo en el octavo piso— empecé a estar mareado. Estaba muy mareado y tuve que sentarme unos minutos. *(He coughs again.)*
DOCTORA	¿Fuma Ud.?
PACIENTE	Sí, pero no mucho.
DOCTORA	No es bueno fumar, ¿sabe?
PACIENTE	Sí, claro, pero ése no es mi problema ahora.
DOCTORA	¿Algo más? ¿Diarrea? ¿Vómitos? ¿Dolores?
PACIENTE	Tenía náuseas, más que nada tenía náuseas.
DOCTORA	¿Ayer tuvo Ud. náuseas?
PACIENTE	Sí, pero las tengo casi todos los días.
DOCTORA	¿Con vómitos?
PACIENTE	No, nunca con vómitos, pero me siento muy mal.
DOCTORA	¿Le duele el estómago también cuando tiene náuseas?
PACIENTE	Primero estoy mareado, después tengo náuseas y claro, me molesta el estómago.
DOCTORA	¿Come Ud. algo raro?
PACIENTE	No, como normalmente.
DOCTORA	¿Cuándo tiene estos problemas, durante el día o por la noche?
PACIENTE	Normalmente durante el día.
DOCTORA	Interesante. Puede estar relacionado con la tensión. ¿A Ud. le gusta su trabajo?

Capítulo 12

Prueba A

*(Note: The following listening comprehension is used in **Capítulo 12, Prueba A** and in the exam for **Capítulos 10–12**.)*

I. **Comprensión.** A waiter is taking an order from a couple. Listen to their conversation and complete the following chart. You will hear the conversation twice.

CAMARERO	Bueno, ¿están listos para pedir?
SEÑORA	Sí, creo que sí.
CAMARERO	Bueno, ¿qué desean de primer plato?
SEÑOR	Yo quiero unos espárragos.
SEÑORA	¡Ah! ¿Vas a comer espárragos? Cuando yo los preparo, nunca los quieres comer. ¡Qué cosa! Bueno, yo quiero... a ver...
CAMARERO	¿Le gustaría una ensalada?
SEÑORA	No, no quiero nada de primer plato. Pero de segundo plato quiero un bistec.
CAMARERO	¿Un bistec solo?
SEÑORA	No. También quiero unos frijoles.
CAMARERO	Bistec con frijoles. ¿Y para Ud., señor?
SEÑOR	Para mí medio pollo.
CAMARERO	¿Lo prefiere con alguna verdura o con papas fritas?
SEÑOR	A ver... con papas fritas. Sí, sí. Papas fritas.
CAMARERO	Bien. ¿Y para beber?
SEÑOR	Quisiera un vino tinto.
SEÑORA	Yo prefiero un vino blanco.
SEÑOR	Bueno, entonces una copa de vino tinto para mí y una de vino blanco para ella.
CAMARERO	Muy bien. Ahora les traigo el pan.

I. **Comprensión.** A waiter is taking an order from a mother and her son. Listen to their conversation and complete the following chart. You will hear the conversation twice.

CAMARERO	Bueno, ¿están listos para pedir?
SEÑORA	Sí, creo que sí.
CAMARERO	Bueno, ¿qué desean de primer plato?
HIJO	Yo no quiero nada.
SEÑORA	¿Estás seguro que no quieres nada? ¿No te gustaría comer una ensalada rusa?
HIJO	No, no quiero nada.
SEÑORA	Bueno, yo quiero una ensalada rusa. Y de segundo plato... a ver, a ver... ¿Qué quieres tú?
HIJO	Quiero un bistec con papas fritas.
CAMARERO	Un bistec con papas fritas. Bien, nuestro bistec es muy bueno. ¿Y para Ud., señora?
SEÑORA	Para mí unas lentejas.
HIJO	¡Ay, mamá! ¿Vas a comer lentejas?
SEÑORA	Sí, lentejas.
CAMARERO	Bien. ¿Y para beber?
SEÑORA	Quisiera una copa de vino tinto.
CAMARERO	Una copa de vino tinto. ¿Y para el niño?
HIJO	Yo quiero Coca-Cola.
CAMARERO	Entonces una Coca y un vino tinto. Muy bien. Ahora les traigo el pan.

Capítulos 10–12

Examen

I. **Comprensión.** *(See **Capítulo 12, Prueba A** for the listening comprehension script.)*

Test/Quiz Bank Answer Key

Capítulo 1

Prueba A

I: *Nombre:* Felipe; *Primer apellido:* López; *Nacionalidad:* colombiano; *Edad:* 57 años; *Número de teléfono:* 239-6804

II: 1. cincuenta y cuatro   2. veinte y ocho/veintiocho   3. sesenta y dos

III. (1) rana4: Es de Ecuador.   (2) Miche: No, tiene 27 años.   (3) Mihijo: Sí, soy colombiana.   (4) morenito: Sí, soy de Costa Rica.   (5) Pepito: No, es abogado.

IV: The second part of each answer will vary.   1. Cómo; Me llamo...   2. Cuántos; Tengo...   3. Cómo; Se llaman...   4. Qué; Mi padre es... Mi madre es...   5. De dónde; Nosotros somos de...

V: (a) (1) Buenas   (2) llamo   (3) tengo   (4) se   (5) es   (6) madre   (7) Santiago   (b) 1. Ellos son de Chile. 2. Carmen es la Srta. Rodríguez.   3. Pablo es abogado.   4. El apellido de Pilar es García.   5. Ellos son chilenos.

Prueba B

I: *Nombre:* Paula; *Primer apellido:* Cano; *Nacionalidad:* paraguaya; *Edad:* 25 años; *Número de teléfono:* 345-6607

II: 1. cincuenta y cuatro   2. veinte y ocho/veintiocho   3. sesenta y dos

III. (1) rana4: Es de Ecuador.   (2) Miche: No, tiene 27 años.   (3) mihijo: Sí, soy colombiana.   (4) morenito: Sí, soy de Costa Rica.   (5) Pepito: No, es abogado.

IV: The second part of each answer will vary.   1. Cómo; Me llamo...   2. Cómo; Mi padre se llama... 3. Qué; (Mi padre) Es...   4. Cuántos; Mi padre tiene... años y mi madre tiene... años.   5. De dónde; Son de...

V: Informal. Answers will vary.   (1) Hola, ¿cómo te llamas?   (2) Me llamo Marta, ¿y tú?   (3) Me llamo Ignacio. ¿De dónde eres?...

Capítulo 2

Prueba A

I: 1. M 2. M 3. E 4. M 5. F 6. E 7. M 8. E

II: 1. el 2. la 3. el 4. la 5. el 6. el 7. el/la 8. el 9. el 10. la

III: 1. las clases   2. las ciudades   3. los directores   4. los/las artistas   5. las cámaras   6. los lápices   7. los programas   8. los bolígrafos   9. los relojes   10. las naciones

IV: 1. e 2. d 3. f 4. g 5. c 6. b

V: (1) mi   (2) sus   (3) su   (4) mis   (5) nuestras   (6) nuestro

VI: 1. tienen   2. Qué; Voy   3. es; del

VII: lunes; martes; miércoles; viernes; sábado

VIII: Answers will vary slightly.   1. Tengo que comprar una calculadora.   2. Voy a ir a Cancún el domingo. 3. Vamos a bailar el sábado.   4. Mis amigos se llaman Carmen, Ana, José, Ramón y Marta.   5. Sí, me gusta correr.   6. Es el aniversario de Ramón y Marta.

Prueba B

I: 1. M 2. E 3. E 4. E 5. M 6. E 7. E 8. M

II: 1. cama 2. peine 3. cepillo 4. reloj 5. cinta

III: 1. e 2. d 3. a 4. f 5. b

IV: 1. tu; cámara; de quién; del 2. Qué; Vamos 3. tienes

V: *(a)* 1. los 2. los 3. los 4. la 5. el 6. el 7. las 8. la 9. los 10. el

   (b) Answers will vary. Me gustan los perfumes franceses. No me gusta el programa de los Simpson.

   (c) Answers will vary. Los fines de semana a mis amigos y a mí nos gusta ir a fiestas.

VI: lunes; miércoles; jueves; sábado; domingo

VII: Answers will vary slightly. El lunes tengo que estudiar para el examen de historia. El miércoles tengo que comprar una calculadora. El martes voy a comer con Teresa y José. El sábado voy a ir a Cancún con Ricardo.

Capítulo 3

Prueba A

I: *Ocupación:* estudiante; *Gustos (any four of the following):* leer/lee (ciencia ficción); escuchar/escucha música (rock); ir/va a conciertos; salir/sale con (sus) amigos; bailar/baila; comer/come en restaurantes; *Nacionalidades:* francesa; colombiana; *Personalidad (any two of the following):* optimista; activa; simpática

II: 1. bajo 2. guapo/bonito 3. joven/nuevo 4. aburrido 5. rubio

III: 1. b 2. f 3. a 4. c 5. e 6. g

IV: (1) vives (2) Vas (3) estudian (4) hacen (5) van (6) estudia (7) Comprende (8) hablo (9) salgo (10) hablamos (11) bebemos (12) miramos (13) regreso (14) sé (15) gusta

V: (1) estoy (2) estoy (3) es (4) son (5) es (6) son (7) está (8) están (9) está (10) es

Prueba B

I: *Ocupación:* secretaria; *Gustos (any four of the following):* mirar/mira videos; mirar/mira televisión; escuchar/escucha música (clásica); salir/sale con (sus) amigos; ir/va a la playa; bailar/baila; comer/come en restaurantes; *Nacionalidades:* inglesa; norteamericana; *Personalidad (any two of the following):* simpática; interesante; liberal

II: 1. alto 2. bueno 3. feo 4. inteligente 5. pequeño 6. nuevo/joven

III: 1. c 2. b 3. e 4. a 5. f

IV: *(a)* Answers may vary slightly. 1. va a la biblioteca/clase 2. va al museo/a la biblioteca 3. va a la iglesia 4. va al cine
   (b) Answers will vary. A mí me gusta comer; por eso voy al restaurante Granita. A mis amigos y a mí nos gusta nadar; por eso vamos a la piscina.

V: Answers will vary.

Capítulos 1–3

Examen

I: *Teléfono:* 546-7390;   *Ocupación:* estudiante;   *Gustos (any four of the following):* leer/lee (ciencia ficción); escuchar/escucha música (rock); ir/va a conciertos; salir/sale con (sus) amigos; bailar/baila; comer/come en restaurantes;   *Nacionalidades:* francesa; colombiana;   *Personalidad (any two of the following):* optimista; activa; simpática

II: Answers will vary. For example: una computadora, unas lámparas, un escritorio, unas camas, una cafetera, una silla, una toalla, un radio

III: (1) delgada   (2) morena   (3) gordo   (4) rubio   (5) inteligentes   (6) difíciles   (7) cansada   (8) aburrida   (9) preocupados   (10) larga   (11) listos

IV: 1. b 2. f 3. d 4. c 5. a

V: (1) mi   (2) sus   (3) su   (4) mis   (5) nuestras   (6) nuestro

VI: (1) vives   (2) Vas   (3) estudian   (4) hacen   (5) van   (6) estudia   (7) Comprende   (8) hablo   (9) salimos   (10) gusta

VII: (1) estoy   (2) estoy   (3) es   (4) son   (5) es   (6) son   (7) está   (8) están   (9) es

VIII: (1) ¿Cómo se llama Ud.?   (2) ¿Cuántos años tiene Ud.?   (3) ¿De dónde es Ud.?   (4) ¿De dónde son ellos?   (5) ¿Le gusta la música rock/moderna/etc.?

IX: (1) me   (2) están   (3) triste   (4) vamos   (5) son   (6) inteligente/guapo/simpático   (7) de   (8) leer   (9) gustan   (10) que   (11) un

X: *Nombre:* Carla Tortelli; *Nacionalidad:* norteamericana/estadounidense/americana; *Edad:* 35; *Sexo:* Femenino; *Estudiante:* No; *Trabajador/a:* Sí, camarera; *Vive con:* Familia; *Gustos: Leer:* No; *Televisión:* Sí, basquetbol, béisbol, hockey (deportes); *Música:* Sí, rock

XI: Answers will vary.

Capítulo 4

Prueba A

I: Jorge: 10/1; me levanto/se levanta/levantarse tarde   Luciana: 21/9; me maquillo/se maquilla/maquillarse   Raúl: 15/6; me afeito/se afeita/afeitarse la barba

II: Answers may vary slightly.   1. las manos   2. los pies   3. el pelo/los dientes   4. la boca

III: (1) a   (2) A   (3) al   (4) a la   (5) —   (6) a   (7) a la   (8) —

IV: 1. hace sol   2. está nublado   3. llueve

V: (1) esc   (2) ésa/aquélla   (3) Éstos   (4) Esas/Aquellas   (5) esta

VI: (1) me levanto   (2) desayuno   (3) me maquillo   (4) me pongo   (5) me cepillo   (6) se levanta   (7) desayuna   (8) se maquilla   (9) se quita   (10) se cepilla   (11) nos afeitamos

Prueba B

I: Viviana: 17/10; no me pongo/se pone/ponerse la ropa   Gabriel: 21/12; no me afeito/se afeita/afeitarse   Andrea: 15/4; me levanto/se levanta/levantarse tarde

II: Answers may vary slightly.   1. la boca   2. el pelo   3. la cara/la barba   4. las piernas/los pies   5. los ojos

III: (1) a   (2) a   (3) a   (4) A   (5) al   (6) —   (7) —   (8) a la

IV: 1. nieva   2. hace sol   3. está nublado   4. Answer will vary.

V: (1) Esa   (2) ese   (3) Aquel/Ese   (4) Estos   (5) esos

VI: (a) 1. Conoces   2. Sabes   3. Conoces
        (b) Answers will vary. For example: 1. Sí, conozco a tu profesor de historia.   2. No, no sé cuándo es el
        último día de exámenes finales este semestre.   3. Sí, conozco un restaurante bueno. Se llama Spagos.

VII: (a) Answers will vary. For example: 1. a. Por la mañana, yo me afeito las piernas.   b. También me
        cepillo los dientes con Crest.   2. a. Mi compañera de habitación se ducha temprano todos los días.
        b. Ella nunca se maquilla.
        (b) Answer will vary slightly. Sí, somos compatibles./No no somos compatibles.

Capítulo 5

Prueba A

I: Answers may vary slightly.   *Conversación A:*   1. (El novio es) de Colombia/de Suramérica.   2. (Él está)
        en Costa Rica/en Centroamérica.   *Conversación B:*   1. rosada, azul   2. (La blusa es) de seda.
        Conversación C: 1. (El niño prefiere ir) al cine.   2. (La película empieza) a las 7:20.

II: 1. *El tiempo* es a las nueve.   2. *Telediario 3* es a las doce y cuarto./y quince.   3. *Teledeporte* es a la una
        menos veinticinco/veinte y cinco/a las doce y treinta y cinco.

III.   1. a   2. a   3. b   4. b   5. a   6. b   7. a   8. b

IV: 1. d   2. c   3. d   4. a   5. c

V: (1) vienes   (2) puedo   (3) quiere   (4) juega   (5) empieza   (6) servimos   (7) sabemos/sé   (8) me visto
        (9) Prefiero   (10) probamos

VI: Answers will vary. For example: un vestido verde de seda, un traje azul de lana, una corbata roja de seda,
        un suéter gris de algodón

Prueba B

I: Answers may vary slightly.   *Conversación A:*   1. (La hija es) de Panamá/de Centroamérica.   2. (Ella está)
        en Madrid/en España.   *Conversación B:*   1. (La mujer prefiere) ir al concierto (esta noche).   2. (La
        película empieza) a las 9:30.   *Conversación C:*   1. (Los suéteres son) gris, negro   2. (El suéter es) de
        lana.

II: 1. El concierto es a las diez y cinco.   2. *Amigos* es a las nueve y diez.   3. *Teledeporte* es a la una menos
        veinte/a las doce y cuarenta.

III: (1) es   (2) estar   (3) está   (4) están   (5) es

IV: 1. b   2. b   3. a   4. d   5. b

V: Answers will vary. For example: (a) Un estudiante duerme seis horas por día. Generalmente comienza
        clases a las 8 de la mañana.   (b) Mis amigos y yo jugamos al fútbol todos los días. También nos
        acostamos a las 12 de la noche.

VI: Answers will vary. For example: Ahora llevo unos pantalones azules de algodón y unas sandalias negras
        de cuero. También llevo una camisa de rayas azul y blanca de algodón.

Capítulo 6

Prueba A

I: 1. C   2. C   3. F   4. C   5. F   6. F

II: 1. abuela   2. primo   3. esposo   4. barco   5. metro   6. avión

III: 1. F; lejos de   2. C   3. F; a la izquierda   4. C   5. C

IV: 1. c 2. b 3. c 4. c 5. c 6. a 7. c

V: (1) llegué (2) Fui (3) decidimos (4) Vimos (5) jugó (6) regresamos (7) hicieron (8) vimos (9) empecé (10) decidí

VI: 1. le hablé (al médico)   2. me explicó tu problema   3. no te compré las aspirinas

Prueba B

I: 1. C 2. F 3. F 4. F 5. C 6. C

II: 1. abuelo; autobús/tren/metro   2. esposa; barco   3. primo; bicicleta

III: Answers will vary. For example: Paul está detrás de Mary. Mary está a la derecha de Cynthia.

IV: 1. b 2. e 3. c 4. d 5. f 6. a

V: 1. les hablé (a Carlos y a Tomás)   2. no me dio el teléfono (de su hermana)   3. te compré las papas fritas y la cerveza

VI: Answers will vary.

Capítulos 4–6

Examen

I: 1. C 2. C 3. F 4. C 5. F 6. F

II: 1. abuela 2. primo 3. esposo 4. barco 5. avión

III: 1. c 2. d 3. b 4. g 5. a

IV: 1. d 2. b 3. a 4. b 5. d 6. c 7. c 8. b

V: Answers will vary. For example: 1. Hoy hace mucho frío.   2. Está muy nublado.   3. La temperatura está a/Hace... grados.

VI: (1) estoy viendo (2) está saliendo (3) está caminando (4) está llorando (5) están escuchando

VII: (1) llegué (2) Fui (3) decidimos (4) Vimos (5) jugó (6) regresamos (7) hicieron (8) vimos (9) empecé (10) decidí

VIII: 1. les hablé (a Carlos y a Tomás)   2. no me dio el teléfono (de su hermana)   3. le compré el regalo (a Carmina)   4. no te compré unas Coca-Colas   5. les mandé la invitación (a mis amigos)

IX: 1. *Felicity* comienza a las 8:00.   2. *Cuentos y leyendas* se presenta en el canal 7.   3. Si quiero aprender inglés, puedo ver el programa *Welcome USA*.   4. No, no hay películas de terror.   5. El director de la película *Todo sobre mi madre* es Pedro Almodóvar.

X: Answers will vary.

Capítulo 7

Prueba A

I: 3 de febrero; el 7 de febrero; doble; con baño; con desayuno

II: 1. cobro revertido 2. de larga distancia 3. botones 4. sencilla 5. a tiempo 6. maleta

III: 1. d 2. e 3. f 4. a 5. b 6. c

IV: Answers will vary slightly. 1. juega; Hace... años que Silvio juega (al fútbol).   2. trabaja; Hace... años que Silvio trabaja en comerciales.

V: (1) entraron (2) pidieron (3) se puso (4) fueron (5) oyeron (6) vino (7) murió (8) seguimos (9) dijo (10) hizo (11) Volví (12) dormí

VI: Answers will vary. For example: 1. José lo compró.   2. Sí, las sirvieron.   3. La preparó Marta.   4. No, no las traje.   5. Sí, los llamé.

Prueba B

I: 14 de abril; el 17 de abril; sencilla; con baño; pensión completa

II: 1. maleta   2. asiento   3. con retraso   4. botones   5. llamadas internacionales   6. llamadas locales

III: 1. f   2. e   3. b   4. h   5. d   6. c

IV: Answers will vary slightly.   1. estudia; Hace... años que Laura estudia computación. 2. trabaja; Hace... años que Laura trabaja como programadora.

V: Answers will vary. For example: 1. Sí, lo leímos.   2. Sí, los visitamos.   3. Sí, la pedimos.   4. Sí, la llamé.   5. No, no lo traje.

VI: Answers will vary.

Capítulo 8

Prueba A

I: 2 dormitorios; amueblado; garaje; portero

II: 1. Los Martí viven en el sexto piso.   2. Los Cano viven en el tercer piso.   3. Los Vicens viven en el noveno piso.

III: Answers will vary. For example: 1. el sillón; el sofá   2. la cama; la cómoda   3. la ducha; el lavabo
        4. la estufa; la nevera

IV: 1. Todavía   2. ya   3. Ya   4. Todavía

V: (1) pague   (2) sea   (3) es   (4) tiene   (5) está   (6) sepan   (7) puedan

VI: (1) mantenga   (2) se enoje   (3) considerar   (4) sepan   (5) desaparecen

VII: Answers will vary. For example: 1. estudies más   2. salgas esta noche   3. duermas ocho horas todas las noches   4. bebas cerveza

Prueba B

I: 3 dormitorios; sin muebles; portero; balcón

II: 1. Los Martí viven en el quinto piso.   2. Los Cano viven en el primer piso.   3. Los Vicens viven en el octavo piso.

III: Answers will vary. For example: 1. el televisor; el sofá   2. la cama; el espejo   3. la mesa; la silla
        4. la tostadora; el lavaplatos

IV: (1) sea   (2) conocer   (3) tenga   (4) tiene   (5) toma   (6) beba   (7) sepa

V: Answers will vary. For example: 1. Ya limpié mi habitación.   2. Ya lavé la ropa.   3. Todavía no me corté el pelo.

VI: Answers will vary.

Capítulo 9

Prueba A

I: 1. Gloria   2. Marco   3. Marco   4. Gloria   5. Gloria   6. Marco

II: 1. d   2. g   3. b   4. a   5. c

III: 1. a   2. b   3. c   4. b   5. a

IV: (1) para   (2) por   (3) por   (4) por   (5) por   (6) Para

V: (1) llegue   (2) viene   (3) sea   (4) nos divirtamos   (5) conversen   (6) salgan   (7) ir   (8) estés   (9) va

VI: Answers will vary. For example: 1. sea guapo/bonita   2. va a ser una cita aburrida   3. no nos divirtamos
        4. vayamos a un café   5. no es la persona para mí

Prueba B

I: 1. Miguel   2. Miguel   3. Miguel   4. Miguel   5. Ana   6. Ana

II: (1) pescar   (2) juego con videojuegos   (3) cocinar   (4) sartén   (5) hacer crucigramas

III: (1) por   (2) por   (3) por   (4) para   (5) por   (6) Para

IV: Answers will vary slightly.   1. se cortan la lechuga y los tomates   2. se añade el jamón   3. se ponen el
        vinagre y el aceite   4. se revuelve

V: (a) 1. tenías   2. era
        (b) Answers will vary slightly.   1. Tenía 18 años cuando empecé la universidad.   2. Eran las 11 cuando
        terminé de estudiar anoche.

VI: Answers will vary.

Capítulos 7–9

Examen

I: 1. Gloria   2. Marco   3. Marco   4. Gloria   5. Gloria   6. Marco

II: 1. el/un cuchillo   2. la cocina   3. el lavaplatos   4. sencilla   5. el botones   6. (una llamada) de larga
        distancia   7. (un vuelo) directo

III: 1. f   2. a   3. e   4. g   5. c

IV: 1. b   2. a   3. b   4. a   5. b   6. b

V: (1) para   (2) por   (3) por   (4) por   (5) por   (6) Para

VI: (1) entraron   (2) pidieron   (3) oyeron   (4) vino   (5) seguimos   (6) dijo   (7) hizo   (8) Volví

VII: (1) llegue   (2) viene   (3) sea   (4) nos divirtamos   (5) conversen   (6) salgan   (7) ir   (8) estés   (9) va

VIII: Answers will vary. For example: 1. Las hace el/la empleado/a (de servicio).   2. Sí,/No, no lo pongo
        en la maleta.   3. Sí, los prefiero en la sección de no fumar./No, los prefiero en la sección de fumar.
        4. La toma el/la recepcionista.

IX: Answers may vary slightly.   1. (El Sr. Ruiz) compró pasajes de ida de primera clase.   2. No, viaja con
        alguien.   3. Su vuelo sale de Río.   4. La hora de salida (de su vuelo) son las 14:35./Su vuelo sale a las
        14:35.   5. El Sr. Ruiz se va a sentar en la sección de primera clase.   6. Tiene dos comidas por día en su
        reserva.

X: Answers will vary.

Capítulo 10

Prueba A

I: 1. F   2. F   3. F   4. C   5. C

II: 1. h   2. d   3. g   4. a   5. j   6. l   7. k   8. b   9. i

III: (1) le encanta   (2) nos faltan   (3) le fascina   (4) me parece

IV: 1. los regalos   2. nuestros amigos   3. sillas   4. casa   5. Victoria   6. Ramón

V: Answers may vary slightly.   1. Sí,/No, no se la mandé.   2. Sí,/No, no te las/se las voy a comprar/voy a comprártelas/comprárselas.   3. Sí,/No, no se los mandó.   4. Sí,/No, no nos lo trajo.   5. Sí,/No, no me lo escribió.

VI: (1) era   (2) iba   (3) tenía   (4) esquiaba   (5) Hacía   (6) llevábamos   (7) molestaba   (8) salíamos   (9) Había   (10) servía   (11) volvíamos

Prueba B

I: 1. F   2. F   3. C   4. F   5. C

II: Answers will vary slightly.   1. casco, balón   2. esquíes   3. bate, guantes   4. palos   5. pelota, raqueta

III.   (a) Answers will vary. For example: Me encantan los paquetes que me manda mi familia. Me parece terrible hacer cola en la oficina de correo.
        (b) Answers will vary. For example: A mi padre le encantan los perros que les ladran a los carteros. (A él) le parece divertido recibir tarjetas electrónicas para el cumpleaños.

IV: 1. los padres de Víctor   (2) tú (Víctor)   3. los pantalones y los calcetines   4. las revistas   5. Felipe   6. el libro de cálculo

V: Answers may vary slightly.   1. Sí,/No, no te las/se las compré.   2. Sí,/No, no me lo dio.   3. Sí,/No, no se la voy a dar/voy a dársela.   4. Sí,/No, no me las está preparando/está preparándomelas.

VI: Answers will vary.

Capítulo 11

Prueba A

I: fiebre; náuseas; dolor de cabeza; no tener hambre; tos

II: Answers will vary. For example: 1. Le aconsejo que tome dos aspirinas y jarabe.   2. Ud. debe llamar al médico.   3. Ud. tiene que lavar la herida y ponerse un vendaje.

III: Some answers may vary. For example: 1. la gasolina → el aceite   2. acelerador → freno   3. parabrisas → limpiaparabrisas   4. la matrícula → el cinturón de seguridad   5. llanta → batería   6. volantes → llantas

IV: 1. a   2. a   3. a   4. a   5. a   6. b   7. b

V: (1) pagadas   (2) terminado   (3) cerrada   (4) perdida

VI: (1) fui   (2) pasó   (3) iba   (4) había   (5) llegué   (6) tuviste   (7) servía   (8) se cayeron   (9) despidió   (10) tenía   (11) llegó   (12) rompió   (13) era   (14) estaba   (15) lavaba   (16) me comí   (17) mintieron

Prueba B

I: dolor de cabeza; estar mareado; náuseas; dolor de estómago; tos

II: Some answers may vary. For example: 1. volante → aceite   2. freno → acelerador   3. la llanta → el cinturón de seguridad   4. embrague → limpiaparabrisas   5. matrículas → llantas   6. el baúl → las luces

III: (1) vendido   (2) preparada   (3) invitadas   (4) compradas

IV: Answers will vary slightly. For example: 1. Este semestre conocí a Marisa en mi clase de cálculo.
2. El primer día de clase supe la fecha del examen final para esta clase.   3. La semana pasada tenía que ir al dentista, pero no fui.

V: Answers will vary slightly.
(a) 1. María besaba a su novio cuando su padre entró.   2. Nosotros escuchábamos al profesor en clase cuando nos dormimos.   3. Pablo bailaba con una chica cuando se cayó/vio a su ex novia.   (b) Answers will vary

VI: Answers will vary.

Capítulo 12

Prueba A

I: *Señora:* nada; (un) bistec con frijoles; vino blanco
Señor: (unos) espárragos; medio pollo con papas fritas; vino tinto

II: 1. isla   2. mar/océano   3. cataratas   4. montañas; río   5. selva

III: 1. e   2. c   3. a   4. f   5. b

IV: (1) preparado   (2) escritas   (3) hecha   (4) abiertos   (5) cubierta   (6) terminada

V: (1) estaba   (2) oyó   (3) miró   (4) vio   (5) tenía   (6) empezó   (7) corría   (8) llamó   (9) vino
(10) pudieron   (11) fuimos

VI: Answers will vary. For example: 1. El Fausto es más rápido que el Siroco.   2. El Di Tello es más caro que el Siroco.   3. El Siroco es más grande que el Di Tello.   4. El Fausto es el más rápido.   5. El Siroco es el mejor carro de todos.

Prueba B

I: *Señora:* (una) ensalada rusa; (unas) lentejas; vino tinto
Hijo: nada; (un) bistec con papas fritas; Coca-Cola

II: 1. cataratas   2. montañas   3. playas   4. guitarra   5. batería   6. puentes   Riddle: El monte Aconcagua

III: 1. d   2. a   3. b   4. f   5. e

IV: (1) hecha   (2) puesta   (3) abiertas   (4) bañados   (5) acostados   (6) escrita

V: Answers will vary. For example: 1. Tulane tiene menos estudiantes que UCLA.   2. UCLA es más grande que Tulane.   3. Pepperdine es más cara que UCLA.   4. Tulane es la más bonita de las tres.   (5) UCLA es la mejor universidad de las tres.

VI: Answers will vary.

Capítulos 10–12

Examen

I: *Señora:* nada; (un) bistec con frijoles; vino blanco
Señor: (unos) espárragos; medio pollo con papas fritas; vino tinto

II: 1. receta (médica)   2. estampilla   3. isla   4. casco   5. mareada   6. cataratas   7. aspirinas   8. selva

III: 1. g   2. d   3. f   4. a   5. b   6. h

IV: 1. b   2. a   3. b   4. b   5. b   6. b   7. b   8. a   9. b   10. b

V: (1) estaba   (2) oyó   (3) miró   (4) vio   (5) tenía   (6) empezó   (7) corría   (8) llamó   (9) vino   (10) pudieron   (11) fuimos

VI: (1) preparado   (2) escritas   (3) hecha   (4) abiertos   (5) cubierta   (6) terminada

VII: 1. se la pedí   2. no se lo compré   3. no me lo van a dar   4. te los traje

VIII: Answers will vary. For example: 1. El Fausto es más rápido que el Siroco.   2. El Di Tello es más caro que el Siroco.   3. El Siroco es más grande que el Di Tello.   4. El Fausto es el más rápido.   5. El Siroco es el mejor carro de todos.

IX: 1. Cuesta $180 alquilar un carro grande por una semana.   2. Se pueden obtener kilometraje ilimitado y un servicio rápido en el aeropuerto/la mejor selección de carros nuevos/descuentos.   3. Los precios de los carros están en dólares.   4. Hay aeropuerto en Montevideo.

X: Answers will vary.

Audio Script
to accompany the Lab Manual

Capítulo preliminar

MEJORA TU PRONUNCIACIÓN

Stressing words

You have already seen Spanish stress patterns in the text. Remember that a word that ends in *n, s,* or a vowel is stressed on the next-to-last syllable, for example, **re*pi*tan, Hon*du*ras, a*mi*go.** A word that ends in a consonant other than *n* or *s* is stressed on the last syllable, as in the words **espa*ñol*, fa*vor*, Ma*drid.** Any exception to these two rules is indicated by a written accent mark on the stressed vowel, as in **An*drés*, Pe*rú*, *án*gel.**

Placing correct stress on words helps you to be better understood. For example, the word **a*mi*go** has its natural stress on the next-to-last syllable. Listen again: **a*mi*go,** not **amigo,** nor **ami*go*; a*mi*go.** Try to keep stress in mind when learning new words.

Actividad 1: Escucha y subraya. *(a)* Listen to the following names of Hispanic countries and cities and underline the stressed syllables. You will hear each name twice.

1. Panamá
2. Bogotá
3. Cuba
4. Venezuela
5. México
6. Madrid
7. Tegucigalpa
8. Asunción

(b) Pause the recording and decide which of the words from part *(a)* need written accents. Write the missing accents over the appropriate vowels.

Actividad 2: Los acentos. *(a)* Listen to the following words related to an office and underline the stressed syllables. You will hear each word twice.

1. oficina
2. director
3. papel
4. discusión
5. teléfono
6. bolígrafo
7. secretario
8. instrucciones

(b) Pause the recording and decide which of the words from part *(a)* need written accents. Write the missing accents over the appropriate vowels.

MEJORA TU COMPRENSIÓN

Actividad 3: La fiesta. You will hear three introductions at a party. Indicate whether each one is formal or informal.

1.
SONIA   ¿Cómo se llama Ud.?
PEDRO   Pedro Díaz, ¿y Ud.?
SONIA   Sonia Martínez.
PEDRO   Mucho gusto.

2.
MÓNICA   Me llamo Mónica, ¿y tú?
CLAUDIO   Claudio.
MÓNICA   Encantada.
CLAUDIO   Igualmente.

3.
MUJER   Hola. ¿Cómo te llamas?
CARLOS   Carlos, pero me llaman Carlitos.

Actividad 4: ¿De dónde eres? You will hear three conversations. Don't worry if you can't understand every word. Just concentrate on discovering where the people in the pictures are from. Write this information on the lines provided in your lab manual.

1.
MARÍA   Soy María, ¿y tú?
MARIO   Me llamo Mario.
MARÍA   ¿De dónde eres?
MARIO   Soy de Ecuador.

2.
CRISTINA Me llamo Cristina Ramos.
TOMÁS   Tomás López. Perdón, ¿es de Guatemala?
CRISTINA Efectivamente, soy de Guatemala.

3.
MUJER   ¡Qué lindo acento tienes! ¿Eres de Argentina?
HOMBRE No, soy de Uruguay, ¿y tú?
MUJER   De Chile.

Actividad 5: ¡Hola! ¡Adiós! You will hear three conversations. Don't worry if you can't understand every word. Just concentrate on discovering whether the people are greeting each other or saying good-bye.

1.
CARLOS   ¡Pedro! ¿Cómo estás?
PEDRO   Tanto tiempo, ¿no? Muy bien, ¿y tú?
CARLOS   Bien, bien. ¡Qué suerte encontrarte!
PEDRO   ¿Tienes tiempo para ir a tomar un café?
CARLOS   Vamos.

2.
MUJER   Bueno, Sr. Escaleli, gracias por la invitación. Buenas noches.
SR. ESCALELI Hasta mañana. Nos vemos en la oficina a las ocho.
MUJER   De acuerdo.

3.
ANIMADORA Buenas noches, señoras y señores. Bienvenidos a este show. ¿Cómo están hoy?
PÚBLICO   Bien.
ANIMADORA Bueno, me alegro. Hoy les vamos a presentar...

Actividad 6: La entrevista. A man is interviewing a woman for a job. You will only hear what the man is saying. As you listen, number the response that the woman should logically make to each of the interviewer's statements and questions. Before listening to the interview, look at the woman's possible responses. You may have to listen to the interview more than once.

ENTREVISTADOR   Siéntese, por favor.
CLAUDIA   ...
ENTREVISTADOR   ¿Cómo está hoy?
CLAUDIA   ...
ENTREVISTADOR   ¿Cómo se llama, señorita?

CLAUDIA	...
ENTREVISTADOR	¿Y de dónde es?
CLAUDIA	...
ENTREVISTADOR	Muy bien. A ver su curriculum vitae, por favor.

Actividad 7: Las capitales. You will hear a series of questions on the capitals of various countries. Circle the correct answers in your lab manual. Before you listen to the questions, read all possible answers.

1. ¿Cuál es la capital de El Salvador?
2. ¿Cuál es la capital de España?
3. ¿Cuál es la capital de los Estados Unidos?
4. ¿Cuál es la capital de Perú?
5. ¿Cuál es la capital de Chile?

Actividad 8: Las órdenes. You will hear a teacher give several commands. Number the picture that corresponds to each command. If necessary, pause the recording after each item.

1. Escuchen la conversación entre Vicente y Teresa.
2. Abran el libro en la página 2.
3. Saquen papel.
4. Levántate, por favor.

Actividad 9: Las siglas. Listen and write the following acronyms.

1. IBM
2. CBS
3. HBO
4. BBC
5. RCA
6. CNN

Actividad 10: ¿Cómo se escribe? You will hear two conversations. Concentrate on listening to the names that are spelled out within the conversations and write these names in your lab manual.

1.

SECRETARIA	... Bueno, ¿me puede dar su nombre, por favor?
CECILIA	Sí, cómo no. Cecilia Obuljen.
SECRETARIA	¿Cómo se escribe "Obuljen"?
CECILIA	O-be larga-u-ele-jota-e-ene.
SECRETARIA	Bueno, gracias.
CECILIA	No, gracias a Ud.

2.

CLIENTE	Sí, quisiera una habitación.
RECEPCIONISTA	Bien, ¿su nombre?
CLIENTE	Roberto Gunterberg.
RECEPCIONISTA	A ver... ¿Cómo se escribe?
CLIENTE	Gc-u-ene-te-e-ere-be-e-ere-ge.
RECEPCIONISTA	Le repito: ge-u-ene-te-e-ere-be-e-ere-ge.
CLIENTE	Correcto.
RECEPCIONISTA	Bien.

You have finished the lab program for the Preliminary Chapter.

Capítulo 1

MEJORA TU PRONUNCIACIÓN

Vowels

In Spanish, there are only five basic vowel sounds: **a, e, i, o, u.** These correspond to the five vowels of the alphabet. In contrast, English has long and short vowels, for example, the long *i* in *pie* and the short *i* in *pit*. In addition, English has the short sound, schwa, which is used to pronounce many unstressed vowels. For example, the first and last *a* in the word *banana* are unstressed and are therefore pronounced [ə]. Listen: *banana*. In Spanish, there is no similar sound because vowels are usually pronounced in the same way whether they are stressed or not. Listen: **banana.**

Actividad 1: Escucha la diferencia. Listen to the contrast in vowel sounds between English and Spanish.

1. map   mapa
2. net   neto
3. beam   viga
4. tone   tono
5. taboo   tabú

Actividad 2: Escucha y repite. Listen and repeat the following names, paying special attention to the pronunciation of the vowel sounds.

1. Ana Lara (#)
2. Pepe Méndez (#)
3. Mimí Pinti (#)
4. Toto Soto (#)
5. Lulú Mumú (#)

Actividad 3: Repite las oraciones. Listen and repeat the following sentences from the textbook conversations. Pay attention to the pronunciation of the vowel sounds.

1. ¿Cómo se llama Ud.? (#)
2. Buenos días. (#)
3. ¿Cómo se escribe? (#)
4. ¿Quién es ella? (#)
5. Juan Carlos es de Perú. (#)
6. Las dos Coca-Colas. (#)

MEJORA TU COMPRENSIÓN

Actividad 4: Guatemala. You will hear a series of numbers. In your lab manual, draw a line to connect these numbers in the order in which you hear them. When you finish, you will have a map of Guatemala.

4, 7, 47, 50, 60, 68, 67, 95, 94, 72, 62, 53, 33, 35, 13, 14, 4

Actividad 5: Los números de teléfono. You will hear a telephone conversation and two recorded messages. Don't worry if you can't understand every word. Just concentrate on writing down the telephone number that is given in each case.

1.

OPERADORA	Operadora. ¿Qué número?
HOMBRE	Carlos Sánchez.
OPERADORA	Un momento... Sí, es el 2-34-97-88.
HOMBRE	2-34... *(as he writes)*
OPERADORA	97-88.
HOMBRE	97-88. Gracias.

2.

VOZ MASCULINA	Buenos días. Ud. se ha comunicado con un número que ha sido desconectado. El nuevo número es 3-58-92-02. Una vez más, 3-58-92-02. Gracias y buenos días.

3.

VOZ FEMENINA	Hola. Te has comunicado con el 8-3-7-0-4-2-2. No estoy ahora mismo. Deja un mensaje después de la señal y te llamaré en cuanto me sea posible. Chau.

Actividad 6: ¿Él o ella? Listen to the following three conversations and put a check mark under the drawing of the person who is being talked about in each case. Don't worry if you can't understand every word. Just concentrate on discovering to whom each discussion refers.

1.

HOMBRE	Bueno, es una persona muy dinámica.
MUJER	Sí, por eso es muy buena actriz y ha hecho muchas películas exitosas.

2.

HOMBRE	Por favor, señor. ¿Puede venir? ¡Qué hombre tan lento!

3.

MUJER	¿Y qué? ¿Te da miedo ir al dentista?
HOMBRE	Para nada. Pienso que el Dr. Gómez es un dentista excelente.

Actividad 7: En el tren. Carlos is talking to a woman with a child on the train. Listen to the questions that he asks. For each question, number the response that would be appropriate for the woman to give. Before you begin the activity, read the possible responses.

CARLOS	Hola. ¿Cómo te llamas?
ANDREA	...
CARLOS	¿Y ella? ¿Cómo se llama?
ANDREA	...
CARLOS	¿Cuántos años tiene?
ANDREA	...
CARLOS	¡Qué chiquita! Oye, ¿de dónde son?
ANDREA	...
CARLOS	¡Qué ciudad más bonita!

Actividad 8: La conversación. *(a)* You will hear a series of sentences. Write each sentence you hear in the first column below. You will hear each sentence twice.

A.   Se llama Marcos.
B.   Soy el Sr. Ramírez, ¿y Ud.?
C.   ¿De Chile también? ¿Y cómo se llama?
D.   Mi amigo es de Chile también.
E.   No, es de Concepción.
F.   ¿Cómo se llama Ud.?
G.   ¿Es de la capital él?
H.   Soy la Srta. Pérez de Chile.

(b) Now stop the recording and put the sentences you have written in the correct order to form a logical conversation. Number each sentence in the blank in the right-hand column above.

Actividad 9: En el hotel. You will hear a conversation between a hotel receptionist and a guest who is registering. Fill out the computer screen in your lab manual with information about the guest. Don't worry if you can't understand every word. Just concentrate on listening for the information needed. You may have to listen to the conversation more than once. Remember to look at the computer screen before you begin the activity.

EL RECEPCIONISTA	Sí, un momentito. A ver... Sí. ¿Cómo se llama?
MARÍA	María Schaeffer.
EL RECEPCIONISTA	Este... ¿Cómo se escribe su apellido?
MARÍA	Ese-ce-hache-a-e-efe-efe-e-ere.
EL RECEPCIONISTA	¿Qué? ¿Es un apellido alemán?
MARÍA	Sí, pero no soy alemana.
EL RECEPCIONISTA	¿De dónde es?
MARÍA	De Nicaragua.
EL RECEPCIONISTA	¿De qué ciudad?
MARÍA	Managua.
EL RECEPCIONISTA	¿Su dirección en Managua?
MARÍA	Calle 5, número 2, 3, 2.
EL RECEPCIONISTA	... ¿Apartado postal?
MARÍA	1, 4, 1.
EL RECEPCIONISTA	¿Y cuál es su ocupación?
MARÍA	Soy dentista.
EL RECEPCIONISTA	Listo. ¡Ah! No, no. Me olvidaba del teléfono. ¿Cuál es su número de teléfono?
MARÍA	2-74-89-70.
EL RECEPCIONISTA	*(as he types)* 2-74-89-70. Bueno. Ya tengo toda la información que necesito. Ahora...

Actividad 10: Los participantes. Mr. Torres and his assistant are going over the participants they have chosen for a TV game show. Listen to their conversation and fill out the chart with information on the participants. Don't worry if you can't understand every word. Just concentrate on listening for the information needed to complete the chart. You may have to listen to the conversation more than once.

LA ASISTENTE	Creo que ya tenemos a dos hombres y a dos mujeres para participar en el show de hoy.
SR. TORRES	A ver la lista. Este muchacho, Francisco Lara, es de Guatemala, ¿no?
LA ASISTENTE	No, Sr. Torres. Él es chileno. ¿No se acuerda? El otro, ¿cómo se llama? ¡Ah, sí! Gonzalo Catala. Ése es guatemalteco.
SR. TORRES	Bueno, ¿y qué hace el chico este, Francisco?
LA ASISTENTE	Es ingeniero. Sí, creo que es un ingeniero bastante joven. Tiene unos 25 años.
SR. TORRES	Igual que Andrea Gamio. Ella también tiene 25 años.
LA ASISTENTE	¿Y de dónde es ella?
SR. TORRES	De México. Es estudiante universitaria. Creo que estudia economía. Una muchacha muy inteligente, por cierto.

LA ASISTENTE	Sí, la otra muchacha, Laura Gómez, también. Es abogada y se recibió en la Universidad Católica Boliviana.
SR. TORRES	¿Qué? ¿Esta chica es boliviana?
LA ASISTENTE	Así es. Es de La Paz y es muy simpática.
SR. TORRES	¿Y cuántos años tiene?
LA ASISTENTE	Veintiocho.
SR. TORRES	Bueno, ¿quién nos falta?
LA ASISTENTE	El otro muchacho, Gonzalo.
SR. TORRES	¿Qué hace este chico?
LA ASISTENTE	Es comerciante. Y bastante joven, por cierto. Tiene 30 años.
SR. TORRES	¡Qué bien! ¿eh? Creo que tenemos un grupo muy interesante para el programa de hoy.

You have finished the lab program for Chapter 1. Now you will hear the textbook conversations.

Conversación: *En el Colegio Mayor Hispanoamericano*

Conversación: *En la cafetería del colegio mayor*

Capítulo 2

MEJORA TU PRONUNCIACIÓN

The consonant _d_

The consonant **d** is pronounced two different ways in Spanish. When **d** appears at the beginning of a word or after _n_ or _l,_ it is pronounced by pressing the tongue against the back of the teeth, for example, **depósito.** When **d** appears after a vowel, after a consonant other than _n_ or _l,_ or at the end of a word, it is pronounced like the _th_ in the English word _they,_ for example, **médico.**

Actividad 1: Escucha y repite. Listen and repeat the names of the following occupations, paying attention to the pronunciation of the letter **d.**

1. director (#)
2. deportista (#)
3. vendedor (#)
4. médico (#)
5. estudiante (#)
6. abogada (#)

Spanish _p, t,_ and _[k]_

In Spanish **p, t,** and **[k]** ([k] represents a sound) are unaspirated. This means that no puff of air occurs when they are pronounced. Listen to the difference: _Paul,_ **Pablo.**

Actividad 2: Escucha y repite. Listen and repeat the names of the following objects often found around the house. Pay attention to the pronunciation of the Spanish sounds **p, t,** and **[k].**

1. periódico (#)
2. teléfono (#)
3. computadora (#)
4. televisor (#)
5. cámara (#)
6. disco compacto (#)

Actividad 3: Las cosas de Marisel. Listen and repeat the following conversation between Teresa and Marisel. Pay attention to the pronunciation of **p, t,** and **[k].**

TERESA	¿Tienes café? (#)
MARISEL	¡Claro que sí! (#)
TERESA	¡Ah! Tienes computadora. (#)
MARISEL	Sí, es una Macintosh. (#)
TERESA	A mí me gusta más la IBM porque es más rápida. (#)

MEJORA TU COMPRENSIÓN

Actividad 4: La perfumería. You will hear a conversation in a drugstore between a customer and a salesclerk. Check only the products that the customer buys and indicate whether she buys one or more than one of each item. Don't worry if you can't understand every word. Just concentrate on the customer's purchases. Before you listen to the conversation, read the list of products.

VENDEDORA	Buenos días, señora. ¿Qué necesita?
CLIENTA	Sí, voy a llevar una crema de afeitar.
VENDEDORA	¿Qué marca?
CLIENTA	Cualquiera. Deme Gillette.

VENDEDORA	Bien. Una crema de afeitar. A ver... ¿Algo más?
CLIENTA	Ah, sí. Quiero dos cepillos de dientes.
VENDEDORA	Bien... Perdón, ¿cuántos cepillos quiere?
CLIENTA	Dos cepillos.
VENDEDORA	Aquí tiene.
CLIENTA	¡Ah, me olvidaba! Quiero dos peines buenos y grandes.
VENDEDORA	Mire éste. ¿Le gusta?
CLIENTA	Sí, me gusta. Voy a llevar dos peines: uno para mí y uno para mi esposo.
VENDEDORA	Listo.
CLIENTA	¡Ah! Casi me olvido. Voy a comprar dos jabones Palmolive.
VENDEDORA	A ver si tengo Palmolive... Sí, tengo. ¿Cuántos quiere?
CLIENTA	Deme tres jabones.
VENDEDORA	Bien. ¿Algo más? No sé... ¿Aspirinas, champú... ?
CLIENTA	Ah, sí, sí. Un desodorante para mí. ¿Qué marca tiene?
VENDEDORA	A ver... Tengo desodorante Trinity y... Frescura Segura.
CLIENTA	Voy a llevar un desodorante Trinity. Eso es todo.
VENDEDORA	Bien, entonces tenemos una crema de afeitar, dos cepillos de dientes, dos peines, tres jabones y un desodorante.
CLIENTA	Perfecto.
VENDEDORA	Entonces son...

Actividad 5: El baño de las chicas. Alelí, Teresa's young cousin, is visiting her at the dorm and she is now in the bathroom asking Teresa a lot of questions. As you hear the conversation, indicate in the drawing which of the items mentioned belong to whom.

ALELÍ	¡Qué baño tan pequeño, Teresa!
TERESA	Sí, y somos muchas chicas.
ALELÍ	¿Y la toalla? ¿De quién es esa toalla?
TERESA	Es de mi amiga Diana.
ALELÍ	¿Diana es tu amiga de los Estados Unidos?
TERESA	Sí, Diana es mi amiga de los Estados Unidos. Diana es norteamericana.
ALELÍ	¿Y el perfume? Mmm. Me gusta mucho. ¿De quién es?
TERESA	Es de Marisel.
ALELÍ	¿Y la pasta de dientes de quién es?
TERESA	Es de Marisel también.
ALELÍ	¡Ahhh! ¿Y los jabones son de Marisel también?
TERESA	No, un jabón es de Claudia y el otro es mi jabón.
ALELÍ	¿Y quién es Claudia?
TERESA	Claudia es una amiga de Colombia.
ALELÍ	¡Ahhh! Y, y, y ¿esto qué es?
TERESA	Se llaman kleenex.
ALELÍ	Kleenex. Son mis kleenex, ¿no?
TERESA	No, son de Claudia.
ALELÍ	Ah, ¿Claudia, tu amiga de Colombia?
TERESA	Sííí, Claudia, mi amiga de Colombia.
ALELÍ	¿Los kleenex son colombianos también?
TERESA	¡No! Son de Johnson y Johnson.
ALELÍ	¿Johnson y Johnson?

Actividad 6: ¿Hombre o mujer? Listen to the following remarks and write a check mark below the person or persons being described in each situation.

1. Sí, claro que María es buena estudiante. Ella tiene 10 en todos sus exámenes.
2. Es verdad. Tienes razón. Al pianista Trovo le gusta mucho la música de Rubén Blades. Él es un pianista muy bueno.
3. Yo admiro a mi madre. Es una economista famosa.
4. Claudio Bravo y Fernando Botero son dos artistas muy conocidos. Ellos tienen muy buenas obras de arte.

Actividad 7: El mensaje telefónico. Ms. Rodríguez calls home and leaves a message on the answering machine for her children, Esteban and Carina. Check off each item that Ms. Rodríguez reminds them about. Don't worry if you can't understand every word. Just concentrate on which reminders are for Esteban and which ones are for Carina. Before you listen to the message, look at the list of reminders.

Hola chicos. ¿Cómo están? Aquí les habla su mami. Estoy muy ocupada y tengo que trabajar mucho hoy. Bueno, Esteban, por favor, recuerda que tienes que estudiar matemáticas, que mañana tienes un examen. Así que estudia, por favor. Ehm... quiero... ¡Ah! Carina, no tienes que ir al dentista hoy. El doctor no puede atenderte hoy; así que no tienes que ir. Quizás la semana que viene pero hoy no. Eh... ¿qué más? ¡Ah! Carina, tienes que mirar el video que dejé en mi habitación. Es excelente. Es un video sobre Chile que me dio una amiga. Así que mira ese video. Te va a gustar mucho. Y... Esteban, tienes que comprar hamburguesas porque no hay comida en casa. ¿Y qué más? Bueno, creo que nada más. Entonces, Esteban: matemáticas y hamburguesas; y tú, Carina, no tienes que ir al dentista y mira el video. Chau.

Actividad 8: El regalo de cumpleaños. *(a)* You will hear a phone conversation between Álvaro and his mother, who would like to know what she can buy him for his birthday. Check off the things that Álvaro says he already has. Don't worry if you can't understand every word. Just concentrate on what Álvaro doesn't need. Before you listen to the conversation, read the list of possible gifts.

ÁLVARO	Dígame.
MAMÁ	¿Qué tal, Álvaro? Habla tu madre.
ÁLVARO	¿Qué tal, mamá? ¿Cómo estás?
MAMÁ	Bien, gracias. Oye, tu cumpleaños es la semana que viene, ¿no?
ÁLVARO	Sí.
MAMÁ	Quiero saber qué necesitas para tu nuevo apartamento, tu habitación,...
ÁLVARO	No sé, mamá. Tengo todo. No sé qué necesito.
MAMÁ	¿Toallas tienes?
ÁLVARO	Sí, tengo. Tengo dos.
MAMÁ	Tienes toallas. A ver... ¿Y una silla para tu escritorio? ¿Quieres una silla para tu escritorio?
ÁLVARO	No. Tengo una silla y me gusta mucho.
MAMÁ	Bueno, está bien, está bien. ¿Y qué más? ¿Un reloj?
ÁLVARO	No necesito.
MAMÁ	¿Cómo que no necesitas un reloj? Bueno, a ver otra cosa. No sé qué te puedo regalar. ¿Una lámpara?
ÁLVARO	Bueno, una lámpara.
MAMÁ	¿Quieres una lámpara para el escritorio?
ÁLVARO	Ésa es una buena idea. Una lámpara para mi escritorio.
MAMÁ	Bueno, hijo. Nos hablamos la semana que viene. ¿Vale?
ÁLVARO	Vale.

(b) Now write what Álvaro's mother is going to give him for his birthday. You may need to listen to the conversation again.

Actividad 9: La agenda de Diana. *(a)* Pause the recording and write in Spanish two things you are going to do this weekend.

    (b) Now complete Diana's calendar while you listen to Diana and Claudia talking on the phone about their weekend plans. Don't worry if you can't understand every word. Just concentrate on Diana's plans. You may have to listen to the conversation more than once.

CLAUDIA	... Ah, Diana, quería preguntarte: ¿vas a ir a la fiesta el sábado por la noche?
DIANA	¿Qué fiesta?
CLAUDIA	La fiesta que está organizando Marisel el sábado por la noche.
DIANA	Bueno, bueno, voy a ir. ¿Y qué tengo que llevar?
CLAUDIA	Y... no sé... ¿Por qué no llevas Coca-Cola?
DIANA	Bueno. Lo voy a escribir en mi agenda. Sábado... ir a la fiesta de Marisel... llevar Coca-Cola. Bien.
CLAUDIA	Cambiando de tema: ¿vamos a ir a Toledo este viernes?
DIANA	¿Este viernes? A ver mi agenda. ¡Ay, no! Tengo un examen de literatura el viernes por la tarde. Así que tengo que estudiar. ¿Qué te parece el domingo? Vamos el domingo.
CLAUDIA	Bueno, está bien.
DIANA	Entonces el domingo por la mañana vamos a Toledo. Lo anoto. Domingo... ir a Toledo.

Actividad 10: La conexión amorosa. Mónica has gone to a dating service and has made a tape describing her likes and dislikes. Listen to the recording and then choose a suitable man for her from the two shown. Don't worry if you can't understand every word. Just concentrate on Mónica's preferences. You may use the following space to take notes. Before you listen to the description, read the information on the two men.

Hola. Me llamo Mónica Esperoni. Tengo 29 años y soy arquitecta. Me gusta mucho la arquitectura. Me gusta bailar y me encanta cantar pero no me gusta mirar televisión. Pero me gusta mucho escuchar la radio, la música salsa—me gusta mucho la música salsa. Y me gusta leer; sí, me gusta leer. Me gusta leer libros de historia: de historia latinoamericana, de historia española, historia mundial, historia universal. Eso me gusta mucho.

You have finished the lab program for Chapter 2. Now you will hear the textbook conversations.

Conversación: ¡Me gusta mucho!

Conversación: Planes para una fiesta de bienvenida

Capítulo 3

MEJORA TU PRONUNCIACIÓN

The consonants *r* and *rr*

The consonant **r** in Spanish has two different pronunciations: the flap, as in **caro,** similar to the double *t* sound in *butter* and *petty,* and the trill sound, as in **carro.** The **r** is pronounced with the trill only at the beginning of a word or after *l* or *n,* as in **reservado, sonrisa** (*smile*). The **rr** is always pronounced with the trill, as in **aburrido.**

Actividad 1: Escucha y repite. Listen and repeat the following descriptive words. Pay attention to the pronunciation of the consonants **r** and **rr.**

1. enfermo (#)
2. rubio (#)
3. moreno (#)
4. gordo (#)

5. aburrido (#)
6. enamorado (#)
7. preocupado (#)
8. borracho (#)

Actividad 2: Escucha y marca la diferencia. Circle the word you hear pronounced in each of the following word pairs. Before you begin, look over the pictures and word pairs.

1. caro
2. corro
3. ahorra
4. cero

Actividad 3: Teresa. Listen and repeat the following sentences about Teresa. Pay attention to the pronunciation of the consonants **r** and **rr.**

1. Estudia turismo. (#)
2. Trabaja en una agencia de viajes. (#)
3. Su papá es un actor famoso de Puerto Rico. (#)
4. ¿Pero ella es puertorriqueña? (#)

MEJORA TU COMPRENSIÓN

Actividad 4: ¿Dónde? You will hear four remarks. In your lab manual, match the letter of each remark with the place where it is most likely to be heard. Before you listen to the remarks, review the list of places. Notice that there are extra place names.

a. ¡Bravo! ¡Bravo! (#)
b. Shhhhh... Tienes que hablar en voz baja. (#)
c. ¿Qué prefiere, Iberia o American Airlines? (#)
d. Sí, voy a comprar una novela de Isabel Allende. (#)

Actividad 5: Mi niña es... A man has lost his daughter in a department store and is describing her to the store detective. Listen to his description and place a check mark below the drawing of the child he is looking for. Don't worry if you can't understand every word. Just concentrate on the father's description of the child. Before you listen to the conversation, look at the drawings.

PADRE	Buenos días, señor. ¿Ud. es el detective?
DETECTIVE	Así es.
PADRE	Mire, no encuentro a mi hija. No sé dónde está.
DETECTIVE	¿Cómo es su hija?
PADRE	Es baja... tiene pelo rubio... ¿Qué más?
DETECTIVE	¿Pelo corto o largo?
PADRE	Pelo corto.
DETECTIVE	¿Cuántos años tiene?
PADRE	Cinco. Y es muy bonita... También es muy, muy delgada.
DETECTIVE	Bueno, no se preocupe, señor. La vamos a encontrar.
PADRE	Muchas gracias. Estoy muy preocupado.

Actividad 6: Su hijo está... Use the words in the list to complete the chart about Pablo as you hear a conversation between his teacher and his mother. Fill in **en general** to describe the way Pablo usually is. Fill in **esta semana** to indicate how he has been behaving this week.

MAMÁ	Buenos días, señora. Soy la mamá de Pablo Hernández.
MAESTRA	¡Ah! Sí, señora. Siéntese.
MAMÁ	Gracias.
MAESTRA	Mire, no sé qué le ocurre a Pablo, pero tiene problemas.
MAMÁ	¿Por qué? Él es un niño muy bueno.
MAESTRA	Sí, es un niño muy bueno pero esta semana no sé qué ocurre. Está aburrido en la clase; no le interesa nada; no estudia.
MAMÁ	Pero es un niño muy inteligente.
MAESTRA	Sí, sí. Es un niño muy inteligente, pero no sé... Ahora está siempre cansado en la clase. Está muy antipático. No habla con los otros niños.
MAMÁ	¿Pero cómo dice que Pablo es antipático, si él es muy simpático?
MAESTRA	Yo sé que él es muy simpático. Pero esta semana —hoy, por ejemplo— está muy antipático. No sé qué le ocurre. No habla mucho. No quiere trabajar con sus compañeros.
MAMÁ	Bueno, voy a hablar con él a ver si puedo hacer algo.

Actividad 7: La conversación telefónica. Teresa is talking with her father long-distance. You will hear her father's portion of the conversation only. After you hear each of the father's questions, complete Teresa's partial replies, provided in your lab manual.

PADRE	... ¿Y cómo se llama tu compañera de habitación?
TERESA	(1.)
PADRE	¿Qué hace ella?
TERESA	(2.)
PADRE	¿Dónde estudia?
TERESA	(3.)
PADRE	¿Pero de dónde es ella?
TERESA	(4.)
PADRE	¿Y sus padres viven en Colombia?
TERESA	(5.)
PADRE	¿Y qué hacen en Colombia? ¿Qué hace su papá?
TERESA	(6.)
PADRE	¿Y su mamá?
TERESA	(7.)

PADRE	Bueno, y tú, ¿cómo estás?
TERESA	(8.)
PADRE	¿Estudias mucho?
TERESA	(9.)
PADRE	¿Y qué haces después de clase?
TERESA	(10.)
PADRE	¿Y cómo está tu tío?
TERESA	(11.)
PADRE	Mándale saludos de mi parte. Dile que...

Actividad 8: Intercambio estudiantil. Marcos contacts a student-exchange program in order to have a foreign student stay with him. Complete the following form as you hear his conversation with the program's secretary. Don't worry if you can't understand every word. Just concentrate on filling out the form. Before you listen to the conversation, read the form.

SECRETARIA	Bueno, entonces, Marcos, dime, ¿cuántos años tienes?
MARCOS	Veintitrés.
SECRETARIA	¿Y eres estudiante?
MARCOS	Sí, soy estudiante.
SECRETARIA	¿Qué estudias?
MARCOS	Computación. Voy a ser programador de computadoras.
SECRETARIA	Bien, bien... ¿Y qué cosas te gusta hacer?
MARCOS	Bueno, me gusta leer ciencia ficción. Los fines de semana voy a correr con mis amigos. Me gusta la música rock. En general, voy a conciertos de rock bastante. Esteee... ¿Qué más? Bueno, salgo mucho con mis amigos; vamos a bailar, a comer.
SECRETARIA	Bien, bien.
MARCOS	Creo que soy una persona bastante sociable.
SECRETARIA	Sí, creo que sí. Y... A ver... Vas a recibir a alguien... ¿De qué país prefieres?
MARCOS	No sé... De los Estados Unidos o de Canadá.
SECRETARIA	Estadounidense o canadiense... bien. ¿Y hablas inglés?
MARCOS	Sí, hablo inglés y también hablo un poco de francés.
SECRETARIA	Muy bien.
MARCOS	¿Qué más?
SECRETARIA	Creo que nada más. Cuando contactemos a alguien, te vamos a llamar por teléfono. ¡Ah! Me olvidaba. ¿Cuál es tu teléfono?
MARCOS	4-654-67-39.
SECRETARIA	67-39. Bien. Bueno, Marcos, mucha suerte.
MARCOS	Gracias, señora.
SECRETARIA	Buenos días.
MARCOS	Adiós.

Actividad 9: Las descripciones. (a) Choose three adjectives from the list of personality characteristics that best describe each of the people shown. Pause the recording while you make your selection.

(b) Now listen as these two people describe themselves, and enter these adjectives in the blanks provided. You may have to listen to the descriptions more than once.

Hola. Me llamo Fabiana. ¿Y cómo soy? Soy una persona artística, muy artística. Me gusta pintar. No soy intelectual. ¿Pesimista? No, no soy pesimista. Soy optimista. No soy muy paciente con la gente a veces. Y... este... soy una persona inteligente y muy simpática. Creo que soy simpática, o por lo menos eso es lo que dicen mis amigos: que soy simpática.

Hola. Eh... Soy Juan. Tengo 25 años y soy un poco tímido. Soy una persona intelectual. Me gusta mucho leer; me gusta estudiar. ¿Paciente? No, no soy paciente. Mis amigos dicen que soy pesimista. Es verdad: soy pesimista. Soy una persona seria y no soy muy sociable. Prefiero muchas veces estar solo que mal acompañado.

Actividad 10: El detective Alonso. Detective Alonso is speaking into his tape recorder while following a woman. Number the drawings in the upper left corner according to the order in which he says the events take place. Don't worry if you can't understand every word. Just concentrate on the sequence of events.

Bueno, aquí estoy mirando a la mujer, que ahora está saliendo. Ahí viene; ahí está saliendo del bar sola. ¿Pero qué pasa? Ahora entra nuevamente al bar; entra al bar. A ver si la puedo ver. Sí, está en este momento hablando con un hombre alto, sí, alto y gordo, no sé quién es. No lo conozco. Ahora ella le está dando un cassette a este hombre... sí... Ajá... ahora está hablando con otro hombre. Este hombre también es alto, ¿pero quién es este hombre? Es alto y delgado. Creo que lo conozco. ¿Pero quién es? Bueno, ahí salen; ahí están saliendo el hombre y la mujer. ¡Ay! Me están mirando. Me vieron; me vieron...

You have finished the lab program for Chapter 3. Now you will hear the textbook conversations.

Conversación: Una llamada de larga distancia

Conversación: Hay familias... y... FAMILIAS

Capítulo 4

MEJORA TU PRONUNCIACIÓN

The consonant ñ

The pronunciation of the consonant ñ is similar to the *ny* in the English word *canyon*.

Actividad 1: Escucha y repite. Listen and repeat the following words, paying attention to the pronunciation of the consonants **n** and **ñ**.

1. cana (#)   caña (#)
2. una (#)   uña (#)
3. mono (#)   moño (#)
4. sonar (#)   soñar (#)

Actividad 2: Escucha y repite. Listen and repeat the following sentences. Pay special attention to the pronunciation of the consonants **n** and **ñ**.

1. Subo una montaña. (#)
2. Conoces al señor de Rodrigo, ¿no? (#)
3. ¿Podrías comprar una guía urbana de Madrid de este año? (#)
4. ¿Cuándo es tu cumpleaños? (#)

MEJORA TU COMPRENSIÓN

Actividad 3: Los sonidos de la mañana. Listen to the following sounds and write what Paco is doing this morning.

1. Buenos días. Es hora de levantarse, mis amigos. Radio KPFK. *(Sound of a young man yawning.)*
2. Uno, dos, tres... *(Voice of a young man exercising.)*
3. *(Water splashing. Sound of someone washing his face.)*
4. *(Sound of someone taking a shower and humming as he showers.)*

Actividad 4: El tiempo este fin de semana. *(a)* As you hear this weekend's weather forecast for Argentina, draw the corresponding weather symbols on the map under the names of the places mentioned. Remember to read the place names on the map and look at the symbols before you listen to the forecast.

LOCUTORA	Muy buenas noches. Y ahora con ustedes Marco Antonio con el tiempo para mañana.
MARCO	Bueno, estimados radioescuchas, ahora el tiempo para este fin de semana. En Buenos Aires hay muchas probabilidades de lluvia. ¡Qué lástima! Así que lluvia este fin de semana. En Buenos Aires vamos a tener una temperatura de 10 grados. Para La Pampa... eh... una temperatura de ocho grados y va a hacer mucho viento. Bariloche: afortunados los que van a esquiar porque va a nevar mañana, con una temperatura de 15 grados bajo cero. Brrr, ¡qué frío! Y para los que están bien en el sur, Tierra del Fuego: una temperatura de 20 grados bajo cero y vientos provenientes de la Antártida. Ahora al norte. Jujuy: en Jujuy van a tener mucho sol este fin de semana con una temperatura de 20 grados. ¡Qué lindo! ¡Eso sí que me gusta! Y para las Cataratas del Iguazú, el pronóstico es lluvia para este fin de semana con una temperatura entre los 16 y 20 grados. Muchas gracias por su atención y buen fin de semana.

(b) Now replay the activity and listen to the forecast again, this time adding the temperatures in Celsius under the names of the places mentioned.

Actividad 5: La identificación del ladrón. As you hear a woman describing a thief to a police artist, complete the artist's sketch. You may have to replay the activity and listen to the description more than once.

El hombre este... tenía una cara grande y... unas orejas grandes como Dumbo, ¿vio? Tenía unas orejas bien grandes. ¿Qué más? El pelo. Ah, no. No tenía pelo. Y tenía ojos pequeños, muy pequeños, y una narizota, una nariz grande. Ah, sí, sí, tenía bigotes como Groucho Marx, ¿vio? Y unos dientes grandes, una boca grande y unos dientes bien grandes. ¿Qué más? Sí, tenía barba, poca barba pero tenía barba. Eso es lo que recuerdo de su cara.

Actividad 6: Celebraciones hispanas. *(a)* A woman will describe some important holidays around the Hispanic world. As you listen to the description of each holiday, write the date on which it is celebrated.

En diferentes países hispanos hay una variedad de celebraciones. Un día muy importante que se celebra en México es el 2 de noviembre. Éste es el Día de los Muertos y ese día las personas visitan el cementerio y también hacen un altar en su casa. En el altar ponen comida para el muerto. No es un día triste; es una gran celebración. Otro día de fiesta que se celebra en muchos países hispanos es el Día de los Santos Inocentes. Este día es similar al primero de abril en los Estados Unidos, es decir, es un día cuando la gente hace bromas a sus amigos o a personas que no conoce. Pero el Día de los Santos Inocentes no se celebra el primero de abril. La fecha de la celebración es el 28 de diciembre. En países como Chile y Argentina un día muy especial es el 20 de julio. Éste es el Día Internacional del Amigo y por lo general, las personas reciben emails de sus amigos o salen a comer para celebrar el día. Finalmente, un día muy importante en muchos países hispanos es el Día de Reyes. El 6 de enero los niños generalmente reciben juguetes cuando se levantan por la mañana. En algunos países los niños están muy contentos porque reciben regalos en Navidad el 25 de diciembre y también el 6 de enero para el Día de Reyes.

(b) Now listen again and match the holiday with the activity people usually do on that day. Write the number of the holiday from the preceding list.

Actividad 7: ¿Conoces a ese chico? *(a)* Miriam and Julio are discussing some guests at a party. As you listen to their conversation, write the guests' names in the drawing. Use arrows to indicate which name goes with which person.

JULIO	Dime, Miriam, ¿sabes cómo se llama ese chico que está bailando?
MIRIAM	Ah, el chico que está bailando con Mónica. Sí, se llama Miguel.
JULIO	Baila muy bien.
MIRIAM	Sí, baila muy bien y sabe bailar salsa super bien. Es excelente.
JULIO	No me digas. Y Mónica también baila bien.
MIRIAM	Sí, baila bien, pero no sabe bailar salsa.
JULIO	¿Y esta chica tan bonita que está comiendo, quién es?
MIRIAM	Se llama Carmen. Y es estudiante universitaria.
JULIO	¿Qué estudia?
MIRIAM	Creo que estudia arqueología y... ¿sabes qué? Conoce Machu Picchu.
JULIO	¡Qué interesante! Quiero hablar con ella para saber todo sobre Machu Picchu.
MIRIAM	Bueno, bueno. Pero espera, que está con su novio.
JULIO	¡Su novio! ¿Quién es su novio?
MIRIAM	El gordito. Ramón, el hombre que está con ella. Es un hombre de negocios. Trabaja con cantantes famosos.
JULIO	¡No me digas!
MIRIAM	Sí, y conoce a Shakira.
JULIO	¿De veras conoce a Shakira? Quiero conocer a esa cantante tan sexy. Me gustan mucho sus canciones. Voy a hablar con Ramón más tarde.
MIRIAM	Y hablando de música, ¿conoces tú a aquella chica que está comiendo?
JULIO	¿La chica que está hablando con los dos hombres?
MIRIAM	Sí.
JULIO	No, ¿quién es?
MIRIAM	Begoña es una programadora de computadoras y es una guitarrista increíble. Sabe tocar la guitarra clásica y es maravillosa.

| JULIO | ¡Cuánta gente interesante hay en esta fiesta! Gracias por invitarme. Y dime, ¿quién es esta chica alta que está bebiendo? |
| MIRIAM | No sé. Pero le podemos preguntar a Mónica. Ella es la chica que organiza la fiesta y por supuesto los conoce a todos. Vamos a preguntarle. |

(b) Now listen to the conversation again, and write next to each name who or what the person knows.

Actividad 8: La entrevista. Lola Drones, a newspaper reporter, is interviewing a famous actor about his weekend habits. Cross out those activities listed in Lola's notebook that the actor does *not* do on weekends. Remember to read the list of possible activities before you listen to the interview.

LOLA	Bueno, me gustaría que me digas un poco lo que haces los fines de semana. Por ejemplo, ¿te levantas tarde?
ACTOR	No, no me levanto tarde. Me levanto temprano y voy al parque a correr.
LOLA	No me digas.
ACTOR	Sí, corro en el parque... más o menos una hora.
LOLA	¿Y haces gimnasia en un gimnasio también?
ACTOR	No, no voy a un gimnasio. Solamente corro en el parque y después voy a casa... eh... a veces veo televisión...
LOLA	Y, por ejemplo, los fines de semana: ¿trabajas? ¿estudias tus libretos?
ACTOR	No, no. Los fines de semana no estudio, no trabajo. Los fines de semana en general salgo con mi familia... eh... y vamos... a comer afuera a diferentes restaurantes y ¿qué más?
LOLA	¿Y vas al cine?
ACTOR	No, al cine no voy porque ya tengo demasiado cine en la semana con mi trabajo. Bueno, es decir, tengo un fin de semana bastante tranquilo, ¿no?, con mi familia, mis amigos... corriendo, y me gusta levantarme temprano...

You have finished the lab program for Chapter 4. Now you will hear the textbook conversation.

Conversación: *Noticias de una amiga*

Capítulo 5

MEJORA TU PRONUNCIACIÓN

The consonants *ll* and *y*

The consonants **ll** and **y** are usually pronounced like the *y* in the English word *yellow*. When the **y** appears at the end of a word, or alone, it is pronounced like the vowel **i** in Spanish.

Actividad 1: Escucha y repite. Listen and repeat the following verse. Pay special attention to the pronunciation of the **ll** and the **y**.

Hay una toalla (#)
en la playa amarilla. (#)
Hoy no llueve. (#)
Ella no tiene silla. (#)

Actividad 2: Escucha y repite. Listen and repeat the following sentences. Pay special attention to the pronunciation of the **ll** and the **y**.

1. **Y** por favor, otra cerveza. (#)
2. Voy a **ll**amar a Vicente y a Teresa. (#)
3. **Ell**os también van al cine. (#)
4. ¡Ay! Tiene mucha violencia. (#)

MEJORA TU COMPRENSIÓN

Actividad 3: ¿Qué acaban de hacer? As you hear the following short conversations, circle what the people in each situation have just finished doing. Remember to read the list of possible activities before you begin.

1.
HOMBRE a.   ¡Ay! ¡Pero qué aburrida! ¡Y qué final tan malo!
MUJER b.   Ese director es terrible.

2.
MUJER a.   Basta. No puedo comer nada más.
HOMBRE b.   Bueno, ahora nos tomamos un café.

3.
HOMBRE a.   ¡Qué buen partido! Pero ahora estoy muy cansado.
HOMBRE b.   Yo también. Vamos a ducharnos.

Actividad 4: El cine. You will hear a recorded message and a conversation, both about movie schedules. As you listen, complete the information on the cards. Don't worry if you can't understand every word. Just concentrate on filling out the cards. Remember to look at the cards before beginning.

HOMBRE A   Muy buenas tardes. Ud. se ha comunicado con el cine Gran Rex. La película de esta semana es *La historia oficial*, con Norma Aleandro, ganadora del Óscar a la mejor película extranjera. Las funciones de hoy son: la matinée a las tres, luego a la tarde a las cinco y cuarto, y por la noche tenemos dos funciones—a las siete y media y a las diez. El precio es $50 y el precio de la matinée es $36. Gracias por llamar y buenas tardes.

MUJER	Splendid, buenos días.
HOMBRE B	Sí, buenos días. Quería saber a qué hora empieza la película.
MUJER	¿Qué película? Hoy tenemos *Rambo VIII, Batman V* y *La mujer cucaracha.*
HOMBRE B	Ésa, ésa. *La cucaracha.*
MUJER	Bueno, hay varias funciones. Por la noche tenemos una función que comienza a las ocho y otra a las diez y media.
HOMBRE B	No. Quiero saber las funciones de la tarde.
MUJER	Bueno, hoy tenemos una función a las cinco menos cuarto.
HOMBRE B	¿Y el precio?
MUJER	$45.
HOMBRE B	¿No hay descuento por la tarde?
MUJER	No. Es el mismo precio.
HOMBRE B	Bueno, gracias.
MUJER	Adiós.

Actividad 5: Las citas del Dr. Malapata. As you hear Dr. Malapata's receptionist making appointments for two patients, complete the corresponding scheduling cards.

1.

SRA. GÓMEZ	Adiós, doctor.
DOCTOR	Adiós, Sra. Gómez. Que siga bien.
SRA. GÓMEZ	Sí, señorita. Me dice el doctor que tengo que venir el mes que viene.
RECEPCIONISTA	Bien. ¿Su nombre era?
SRA. GÓMEZ	Soy la Sra. Gómez.
RECEPCIONISTA	A ver... Para el mes que viene me dice, ¿no?
SRA. GÓMEZ	Sí, para agosto.
RECEPCIONISTA	A ver... El 16... El 16 es un miércoles. ¿Está bien?
SRA. GÓMEZ	A ver. Espere que mire mi agenda... Dieciséis de agosto... Sí, está bien. ¿A qué hora?
RECEPCIONISTA	¿Puede ser a las tres de la tarde?
SRA. GÓMEZ	Las tres... No, no puedo pero sí puedo a las cuatro menos cuarto... Tres y media, mejor.
RECEPCIONISTA	Bueno. Entonces, a las tres y media de la tarde. Yo voy a anotarlo en esta tarjeta para usted. Hoy es 10 de julio.
SRA. GÓMEZ	No, no; hoy es 11 de julio. Es el cumpleaños de mi esposo.
RECEPCIONISTA	¿Ah, sí? Bien... Bueno, tome esta tarjeta. Así recuerda cuándo tiene que venir a ver al doctor.
SRA. GÓMEZ	El 16 de agosto a las tres y media.
RECEPCIONISTA	Correcto.
SRA. GÓMEZ	Gracias. Adiós.
RECEPCIONISTA	De nada.

2.

RECEPCIONISTA	Consultorio. Buenos días.
PACIENTE	Sí, quisiera hacer una cita con el Dr. Malapata.
RECEPCIONISTA	Bueno. ¿Para cuándo puede ser?
PACIENTE	Para esta semana.
RECEPCIONISTA	Bueno, esta semana va a ser difícil.
PACIENTE	Es que necesito ver al doctor esta semana.
RECEPCIONISTA	A ver... este... Hoy es lunes. A ver el viernes, este viernes.
PACIENTE	Bueno, ¿pero a qué hora?
RECEPCIONISTA	El viernes tiene que ser temprano por la mañana. A las... a las nueve y cuarto.
PACIENTE	Pero tengo que trabajar el viernes a esa hora. ¿No puede ser un poco más temprano?
RECEPCIONISTA	A ver, déjeme ver. Bueno, la única posibilidad que le puedo ofrecer es a las nueve menos cuarto.
PACIENTE	Sí, sí, está bien. A las nueve menos cuarto está perfecto para mí.
RECEPCIONISTA	Bien. Bien. Entonces, hoy es 11 de julio y la cita es el 15 de julio, a las nueve menos cuarto de la mañana. ¿Su nombre, por favor?
PACIENTE	Kleinburd.

RECEPCIONISTA	¿Cómo se escribe? Ka-ele-a-...
PACIENTE	No, no. Ka-ele-e-i-ene-be larga-u-ere-de (de dedo).
RECEPCIONISTA	Bueno. Entonces, Sr. Kleinburd, su cita es el viernes 15 de julio a las nueve menos cuarto de la mañana.
PACIENTE	Bien. Gracias, señorita.
RECEPCIONISTA	De nada. Adiós.
PACIENTE	Adiós.

Actividad 6: Las sensaciones. Listen to the conversation between Aníbal and Dora and check off the different sensations or feelings they have.

ANÍBAL	¿Qué quieres hacer esta noche?
DORA	No sé... Estoy un poco cansada. Creo que prefiero quedarme en casa.
ANÍBAL	Vamos, vamos, que hoy es viernes por la noche y es muy temprano. ¡Quiero... quiero comer un plato de pasta gigante! ¿Por qué no vamos a comer al restaurante italiano de la esquina? ¡Qué calor que hace en este apartamento!
DORA	¡¿Estás loco?! ¡Estamos en invierno! ¡Brrrrrrr! ¡Cierra esa ventana que entra un viento frío terrible!
ANÍBAL	¡Ay, pero qué exagerada!
DORA	Exagerada, no. Hace mucho frío y no quiero enfermarme.
ANÍBAL	Bueno, bueno, la cierro. Entonces, ¿me acompañas al restaurante de la esquina a comer algo?
DORA	Está bien, está bien. Me pongo el suéter de lana, la chaqueta de cuero, el sombrero y vamos.

Actividad 7: Ofertas increíbles. Listen to the following radio ad about a department store and check off the articles of clothing that are mentioned. Remember to read the list of items before you listen to the ad.

Este fin de semana no se pierda las increíbles ofertas de El Corte Inglés. Para hombres tenemos unas chaquetas de cuero espectaculares con precios muy económicos porque termina el invierno. Y acaban de llegar unas camisas de manga corta de algodón egipcio de primera calidad. También para el verano tenemos unos trajes de baño de algodón con flores, estilo hawaiano que les van a gustar mucho. Y para las mujeres, hay unas blusas de cuadros a unos precios increíbles. Así es, unas blusas de cuadros maravillosas. También para las damas acaban de llegar unas faldas de seda china que son super suaves y muy bonitas. Y la novedad es que tenemos unos cinturones de plástico muy modernos. Venga este fin de semana a El Corte Inglés.

Actividad 8: La fiesta. (a) Look at the drawing of a party and write four sentences in Spanish describing what some of the guests are doing. Pause the recording while you write.

(b) Miriam and Julio are discussing some of the guests at the party. As you listen to their conversation, write the guests' names in the drawing. Use arrows to indicate which name goes with which person. Don't worry if you can't understand every word. Just concentrate on who's who.

MIRIAM	Está divertida la fiesta.
JULIO	Sí, me gusta mucho. Ahora dime, ¿cómo se llama esa chica que está allí?
MIRIAM	... ¿Cuál?
JULIO	Ésa, ésa que está allí.
MIRIAM	¿La chica que lleva el vestido de rayas?
JULIO	No, no, la chica que tiene la falda de rayas que está con ella y está bebiendo una... una Coca-Cola creo.
MIRIAM	¿La chica de pelo largo?
JULIO	Sí, sí, la del pelo largo pero no la del vestido, ¿eh? La chica de la falda.
MIRIAM	¡Ah! Ésa es... este... ¿Cómo se llama? ¡Ah, sí! Mariana. Te gusta, ¿no?
JULIO	Sí, es muy guapa.
MIRIAM	Y es abogada. Trabaja con su padre. ¿Quieres que te la presente?
JULIO	Sí, pero más tarde.
MIRIAM	¿Y a aquel hombre lo conoces? Es una persona muy simpática.
JULIO	¿Cuál?
MIRIAM	... Ése que está allí en el sofá.

JULIO	¿El hombre que tiene un saco negro?
MIRIAM	Sí, pero el hombre que no tiene bigote. Se llama Pablo y es mi profesor de historia en la universidad.
JULIO	¿Y qué enseña?
MIRIAM	Historia inglesa.
JULIO	¿Y quién es esa otra chica?
MIRIAM	¿Aquélla?
JULIO	La chica que tiene pantalones y una pañoleta en los hombros.
MIRIAM	¿Cuál, la chica que está fumando?
JULIO	No, la chica que está bebiendo que tiene pantalones.
MIRIAM	¡Ah! La chica que está hablando con Tomás.
JULIO	Sí.
MIRIAM	¿Ella? Es mi amiga Lucía de Paraguay. Está aquí estudiando. ¿No la conoces?
JULIO	No. ¿Y cómo se llama la chica que está fumando?
MIRIAM	¿La que está fumando que también tiene una pañoleta? Ella es Fabiana y también estudia en la universidad. Quiere ser agente de viajes...

(c) Now listen to the conversation again and write the occupations of the four guests next to their names.

Actividad 9: Los fines de semana. *(a)* Write three sentences in Spanish describing things you usually do on weekends. Pause the recording while you write.

(b) Pedro is on the phone talking to his father about what he and his roommate, Mario, do on weekends. Listen to their conversation and check off Pedro's activities versus Mario's. Remember to read the list of activities before you listen to the conversation.

PEDRO	... Sí, Mario es muy simpático pero no es muy sociable, ¿sabes?
PADRE	¿Por qué dices eso?
PEDRO	Pues, no tiene muchos amigos y los fines de semana se acuesta temprano.
PADRE	Y tú, ¿qué haces los fines de semana?
PEDRO	Pues por la noche salgo con mis amigos. Y... bueno, vuelvo al colegio mayor a las dos de la mañana.
PADRE	¿A las dos de la mañana? ¿Y te despiertas tarde?
PEDRO	Sí, a las doce. Me despierto a las doce, es decir que duermo diez horas. Pero Mario también se despierta a las doce. Así que imagínate: se acuesta temprano y se despierta a las doce. Duerme entre trece y catorce horas.
PADRE	Muchas horas, ¿no? Pero tú, durante el día, ¿qué haces los sábados y domingos?
PEDRO	Pues Mario y yo vamos a jugar al fútbol. ¿Sabes? Jugamos al fútbol casi todos los fines de semana. Y después yo generalmente almuerzo con mis compañeros de fútbol. Siempre pido una pizza grande y la como toda. Tengo hambre después de jugar al fútbol.
PADRE	Y Mario, ¿no almuerza con Uds.?
PEDRO	No, después de jugar al fútbol Mario regresa a casa a estudiar.
PADRE	Qué chico responsable. Pero es bueno que Uds. practiquen deportes. Es muy saludable. ¿Y al tenis? ¿No estás jugando al tenis?
PEDRO	¡Papá! No tengo tiempo para hacer todas las cosas que quiero hacer...

You have finished the lab program for Chapter 5. Now you will hear the textbook conversations.

Conversación: ¿Qué hacemos esta noche?

Conversación: De compras en San Juan

Capítulo 6

MEJORA TU PRONUNCIACIÓN

The sound *[g]*

The sound represented by the letter *g* before *a, o,* and *u* is pronounced a little softer than the English *g* in the word *guy:* **gustar, regalo, tengo.** Because the combinations **ge** and **gi** are pronounced **[he]** and **[hi],** a *u* is added after the *g* to retain the **[g]** sound: **guitarra, guerra.**

Actividad 1: Escucha y repite. Listen and repeat the following phrases, paying special attention to the pronunciation of the letter **g.**

1. mi ami**g**a (#)
2. te **g**ustó (#)
3. es ele**g**ante (#)
4. sabes al**g**o (#)
5. no ten**g**o (#)
6. no pa**g**ué (#)

Actividad 2: ¡Qué guapo! Listen and repeat the following conversation between Claudio and Marisa. Pay special attention to the pronunciation of the letter **g.**

MARISA   Me **gu**stan mucho. (#)
CLAUDIO   ¿Mis bi**go**tes? (#)
MARISA   Sí, estás **gua**po pero cansado, ¿no? (#)
CLAUDIO   Es que ju**gué** al tenis. (#)
MARISA   ¿Con **Gó**mez? (#)
CLAUDIO   No, con López, el **guí**a de turismo. (#)

The sound *[k]*

The **[k]** sound in Spanish is unaspirated, as in the words **casa, claro, quitar,** and **kilo.** Hear the contrast between the **[k]** sound in English and the **[k]** sound in Spanish: *case,* **caso**; *kilo,* **kilo**; *cape,* **capa**. The **[k]** sound in Spanish is spelled *c* before *a, o,* and *u*; *qu* before *e* and *i*; and *k* in a few words of foreign origin. Remember that the *u* is not pronounced in *que* or *qui,* as in the words **qué** and **quitar.**

Actividad 3: El saco. Listen and repeat the following conversation between a salesclerk and a customer. Pay attention to the **[k]** sound.

CLIENTE   ¿**Cu**ánto **cu**esta ese sa**co**? (#)
VENDEDORA   ¿A**qué**l? (#)
CLIENTE   Sí, el de **cu**ero negro. (#)
VENDEDORA   ¿No **qui**ere el sa**co** azul? (#)
CLIENTE   No. Bus**co** uno negro. (#)

MEJORA TU COMPRENSIÓN

Actividad 4: El gran almacén. You are in Araucaria, a department store in Chile, and you hear about the sales of the day over the loudspeaker system. As you listen, write the correct price above each of the items shown.

Bienvenidos a Araucaria. Aprovechen las ofertas de hoy. Para las damas tenemos unas bellísimas blusas de seda a 26.000 pesos. También tenemos faldas largas en varios colores de moda a 23.200 pesos. Y ahora que se acerca el verano, no dejen de ver nuestros trajes de baño importados, a sólo 32.900 pesos. Para los caballeros hoy tenemos unas chaquetas de cuero y de gamuza al increíble precio de 98.800 pesos y unas preciosas corbatas de seda rayadas en varios tonos a 13.100 pesos. Buenos días y gracias por su atención.

Actividad 5: Los premios. *(a)* You will listen to a radio ad for a photo contest that mentions the prizes (**premios**) that will be awarded and how much each is worth. Before you listen to the ad, stop the recording and write down under **tu opinión** how much you think each item is worth.

   (b) Now listen to the ad and write down how much each prize is worth in the second column.

Participe en nuestro concurso de fotografía y podrá ganar diferentes premios. El premio más importante es un Mercedes Benz. Sí, un Mercedes Benz que tiene un valor de 35 mil pesos. Así es, 35 mil pesos es el valor de este auto maravilloso. También tenemos como premio un viaje para dos personas a Costa Rica por una semana. Este premio tiene un valor de 1200 pesos. Sí, oyó bien, 1.200 pesos. Otro de los premios que tenemos es un reproductor de DVD Sony de primera calidad, que tiene un valor de 350 pesos. Imagínese: no necesita más video. Ahora puede tener un DVD. Y continuamos con los premios. Si tiene suerte, puede ser una de las cinco personas que va a recibir una cámara digital Cannon que tiene un valor de 490 pesos. Sí, ahora puede poner sus fotos en la computadora y mandarlas a sus amigos. Cinco cámaras digitales con un valor de 490 pesos cada una. ¡Increíble! Y para las personas que les gusta el cuero tenemos diez chaquetas de cuero para hombre o mujer que tienen un valor de 280 pesos cada una. No se pierda estos premios; participe ahora en nuestro concurso de fotografía.

Actividad 6: La habitación de Vicente. Vicente is angry because Juan Carlos, his roommate, is very messy. As you listen to Vicente describing the mess to Álvaro, write the names of the following objects in the drawing of the room, according to where Juan Carlos leaves them.

VICENTE	Pero mira esta habitación. Te digo que es imposible vivir así. Juan Carlos deja sus medias sucias debajo de la cama. ¿Las ves ahí?
ÁLVARO	Sí, sí.
VICENTE	El teléfono debajo de la silla. Siempre está ahí y yo, como tonto, lo busco por todos lados. ¿Y los libros? Todos —pero todos, ¿eh?— encima de la cama. Ninguno en el escritorio; todos encima de la cama. Y el periódico siempre está detrás de la computadora. No sé por qué lo pone allí. ¿No te digo? Es imposible vivir en este desorden.

Actividad 7: ¿Presente o pasado? As you listen to each of the following remarks, check off whether the speaker is talking about the present or the past.

1. El sábado pasado almorzamos en un restaurante excelente.
2. ¿Qué hacemos ahora? Pues, buscamos un teléfono público.
3. Cuando tomamos mucho alcohol, no podemos manejar.
4. Anoche vimos una película dramática y lloramos como locos.

Actividad 8: El fin de semana pasado. *(a)* In your lab manual, write in Spanish three things you did last weekend. Pause the recording while you write.

   (b) Now listen to Raúl and Alicia talking in the office about what they did last weekend. Write *R* next to the things that Raúl did, and *A* next to the things that Alicia did. Remember to look at the list of activities before you listen to the conversation.

ALICIA	Buenos días, Raúl.
RAÚL	Hola, Alicia. ¿Cómo estás?
ALICIA	Bien, gracias, pero todavía tengo sueño. Tú sabes, los lunes estoy cansada como siempre, después del fin de semana.
RAÚL	¿Qué hiciste el fin de semana?
ALICIA	Bueno, el sábado por la noche fui a la fiesta de Antonio... ¿Pero por qué no fuiste?
RAÚL	Es que el sábado trabajé todo el día y como estaba cansado, comí algo en casa y me acosté temprano. Pero ¿y tú? ¿Fuiste el domingo a ver esa película que tanto querías ver?
ALICIA	¡Ah, sí! Me encantó Jodie Foster. Es genial. Después fui con Marta a tomar un café y hablamos hasta la una de la mañana. Así que me acosté tardísimo.
RAÚL	Yo el domingo jugué al tenis por la mañana.
ALICIA	¡Ah! ¿Y miraste el partido de fútbol por televisión?

RAÚL   Sí. Por la noche me senté y miré el partido. Ganó Brasil dos a cero.
JEFA   ¡Señores! A trabajar, por favor.

Actividad 9: La familia de Álvaro. This is an incomplete tree of Álvaro's family. As you listen to the conversation between Álvaro and Clara, complete the tree with the initials of the names listed in your lab manual. Don't be concerned if you don't understand every word. Just concentrate on completing the family tree. You may have to listen to the conversation more than once.

ÁLVARO   Pero Clara, tú conoces a mi familia, ¿no?
CLARA   No. Sólo conozco a tu hermana Patricia.
ÁLVARO   Y a su esposo Juan José.
CLARA   Sí, creo que lo vi una vez.
ÁLVARO   Bueno, ¿y sabes que ahora soy tío? Tengo una sobrina, que se llama Flavia. Tiene tres años.
CLARA   ¡Te felicito! Tus padres deben estar contentísimos.
ÁLVARO   Imagínate. Es la primera nieta. Marta, mi mamá, le compra mucha ropa y Tomás, mi papá, le habla como a un adulto.
CLARA   Pero ¿y tú tienes abuelos?
ÁLVARO   Sí, pero sólo tengo dos: mi abuela Susana y mi abuelo Héctor. Ellos son los padres de mi madre.
CLARA   ¿Héctor? ¡Pero qué casualidad! ¡Yo también tengo un abuelo llamado Héctor!

Actividad 10: Una cena familiar. Tonight there is a family dinner at Álvaro's, and his mother is planning the seating arrangements. Listen to Álvaro's mother, Marta, as she explains her plan to Álvaro. Write the name of each family member on the card in front of his or her place setting. You may have to refer to *Actividad 8* for the names of some of Álvaro's relatives.

MARTA   A ver cómo nos vamos a sentar esta noche. Creo que la abuela Susana se debe sentar a mi derecha, así me puede ayudar con los platos. Tu papá se puede sentar enfrente de mí en la otra punta de la mesa. Y a Juan José... lo sentamos a su derecha. Al abuelo Héctor lo ponemos lejos de tu padre, así no se pelean. A ver... Que se siente a mi lado, a mi izquierda y entonces a su izquierda podemos sentar a Flavia. Espero que se porte bien. ¿Qué te parece? Y tú, Álvaro, te sientas enfrente de Juan José. ¿Qué tal? ¡Ah! Y tu hermana Patricia... que se siente a tu izquierda. Listo.

Actividad 11: El matrimonio de Nando y Olga. *(a)* Nando and Olga have already gotten married and now Hernán, Nando's father, gets a phone call. Read the questions in your lab manual; then listen to the phone call and jot one-word answers next to each question. You may have to listen to the conversation more than once.

HERNÁN   ¿Aló?
CARLOS   Hola, ¿Hernán?
HERNÁN   Carlos, ¿cómo estás?
CARLOS   Bien, bien, gracias.
HERNÁN   Carlos, ¡qué lástima que no pudiste venir al matrimonio de Nando y Olga! Estuvo sensacional.
CARLOS   Sí, yo también lo siento. Te llamé para decirte que no iba, pero no te encontré.
HERNÁN   No te imaginas lo lindo que estuvo el matrimonio. La novia estaba bellísima con un vestido que le hizo la mamá.
CARLOS   ¿La señora Montedio le hizo el vestido a su hija?
HERNÁN   Sí, y Olga estaba bellísima.
CARLOS   ¿Y tu hijo?
HERNÁN   No sabes. Mi hijo estaba muy guapo con ese traje negro que le alquiló su madre.
CARLOS   No me digas. ¡Qué lástima que no fui! Y dime, quiero comprarles un regalo. ¿Alguien les regaló la cámara de video?
HERNÁN   No, todavía no. Pero no te preocupes.
CARLOS   Bueno, bueno, quiero regalarles algo. Y dime, ¿adónde fueron para la luna de miel?
HERNÁN   Bueno, nosotros les regalamos un viaje al Caribe.
CARLOS   ¡Al Caribe! ¡Qué bonito!

HERNÁN   Sí, y ayer nos llamaron desde la República Dominicana y parece que lo están pasando de maravilla. Dicen que las playas son increíbles.

CARLOS   Alguien me habló de la República Dominicana. ¿Quién era? Bueh, no recuerdo, pero me dijeron que es espectacular...

(b) Now pause the recording and use your one-word answers to write down complete answers to the questions from part *(a)*.

You have finished the lab program for Chapter 6. Now you will hear the textbook conversation.

Conversación: *La boda en Chile*

Capítulo 7

MEJORA TU PRONUNCIACIÓN

The consonants *b* and *v*

In Spanish, there is generally no difference between the pronunciation of the consonants **b** and **v**. When they occur at the beginning of a sentence, after a pause, or after *m* or *n*, they are pronounced like the *b* in the English word *bay*, for example, **bolso** and **vuelo**. In all other cases, they are pronounced by not quite closing the lips, as in **cabeza** and **nuevo**.

Actividad 1: Escucha y repite. Listen and repeat the following travel-related words, paying special attention to the pronunciation of the initial **b** and **v**.

1. **b**anco (#)
2. **v**estido (#)
3. **v**uelo (#)
4. **b**olso (#)
5. **v**uelta (#)
6. **b**otones (#)

Actividad 2: Escucha y repite. Listen and repeat the following weather expressions. Note the pronunciation of **b** and **v** when they occur within a phrase.

1. Está nu**b**lado. (#)
2. Hace **b**uen tiempo. (#)
3. ¿Cuánto **v**iento hace? (#)
4. Llue**v**e mucho. (#)
5. Está a dos grados **b**ajo cero. (#)

Actividad 3: En el aeropuerto. Listen and repeat the following sentences. Pay special attention to the pronunciation of **b** and **v**.

1. **B**uen **v**iaje. (#)
2. ¿Y su hijo **v**iaja solo o con Ud.? (#)
3. Las lle**v**as en la mano. (#)
4. ¿Dónde pongo las **b**otellas de ron? (#)
5. **V**amos a hacer escala en Miami. (#)
6. Pero no lo **v**a a **b**eber él. (#)
7. **V**oy a cambiar mi pasaje. (#)

MEJORA TU COMPRENSIÓN

Actividad 4: ¿Qué es? As you hear each of the following short conversations in a department store, circle the name of the object that the people are discussing.

1.
HOMBRE A   Recuerde, señora: no la lave con agua caliente.
MUJER A   Bien. Entonces, la lavo con agua fría.
HOMBRE A   Exacto.

2.
MUJER B   Bueno, señor, ¿le gustan?
HOMBRE B   Sí, creo que voy a llevarlos. ¿Cuánto cuestan?
MUJER B   Ahora le digo.

3.

HOMBRE C	¿Y qué dices?
MUJER C	No podemos comprarlos. Son carísimos y no tenemos suficiente dinero.

Actividad 5: Un mensaje para Teresa. Vicente calls Teresa at work, but she is not there. Instead, he talks with Alejandro, Teresa's uncle. As you listen to their conversation, write the message that Vicente leaves.

Todos nuestros agentes están ocupados. Espere, por favor.

ALEJANDRO	TravelTur, buenos días. Dígame.
VICENTE	Buenos días. ¿Está Teresa?
ALEJANDRO	¿De parte de quién?
VICENTE	De parte de Vicente.
ALEJANDRO	Hola, Vicente. Habla don Alejandro, el tío de Teresa. Ella no está.
VICENTE	Bueno, quisiera dejarle un mensaje.
ALEJANDRO	Sí, por supuesto. A ver un momento que tomo papel y lápiz... Sí, dime.
VICENTE	¿Puede decirle que llamé?
ALEJANDRO	Llamó Vicente.
VICENTE	Estoy en casa de Álvaro. Que me llame aquí.
ALEJANDRO	Llamar a casa de Álvaro. ¿El teléfono?
VICENTE	Ella lo tiene.
ALEJANDRO	No importa. Dame el número de teléfono, por las dudas.
VICENTE	Bueno, es el 2, 87...
ALEJANDRO	2, 87...
VICENTE	45...
ALEJANDRO	45...
VICENTE	09...
ALEJANDRO	09... Bien. Hoy es 6 de septiembre y son las dos de la tarde. Listo.
VICENTE	Bueno. Muchas gracias, don Alejandro. Adiós.
ALEJANDRO	De nada. Adiós.

Actividad 6: La operadora. You will hear two customers calling the operator. As you listen, write the name of the country or city they are calling and check off what they want.

1.

Servicio Internacional, un momento, por favor... Servicio Internacional, un momento, por favor.

SR. PANCRACIA	Ufa.
OPERADORA	Servicio Internacional, buenos días.
SR. PANCRACIA	¡Por fin! Quiero llamar a Venezuela.
OPERADORA	¿Ciudad?
SR. PANCRACIA	Maracaibo. ¿Sabe qué hora es allí?
OPERADORA	Son... las doce de la noche.
SR. PANCRACIA	Bien. Pero yo no quiero pagar la llamada.
OPERADORA	Entonces, ¿cobro revertido?
SR. PANCRACIA	Sí, para que la paguen en Maracaibo.
OPERADORA	De acuerdo. ¿Su nombre?
SR. PANCRACIA	Señor Pancracia.
OPERADORA	Bien.
SR. PANCRACIA	Y no importa quién conteste el teléfono.
OPERADORA	Está bien. ¿Qué número?
SR. PANCRACIA	El número es el 7-92-80-99...

2.
Servicio Internacional, un momento, por favor... Servicio Internacional, un momento, por favor.

OPERADORA	Sí, dígame.
MUJER	Mire, quiero hacer una llamada a Santiago.
OPERADORA	¿Santiago de Chile o Santiago de Compostela en España?
MUJER	No, no, Santiago de Chile.
OPERADORA	Sí, y ¿qué necesita?
MUJER	Necesito el indicativo de Chile.
OPERADORA	Para llamar a Chile tiene que marcar el 56.
MUJER	Bien. Muchas gracias.
OPERADORA	Adiós y buenos días.

Actividad 7: Las excusas. Two of Perla's friends call her to apologize for not having come to her party last night. They also explain why some others didn't show up. As you listen, match each person with his or her excuse for not going to the party. Notice that there are extra excuses.

PERLA	¿Hola?
ANDRÉS	¿Perla?
PERLA	Sí, ¿quién habla?
ANDRÉS	Soy Andrés.
PERLA	¡Andrés! ¿Qué te pasó anoche que no viniste a la fiesta?
ANDRÉS	Discúlpame.
PERLA	Sí, pero pensé que venías.
ANDRÉS	Sí, es que este... eh...
PERLA	¿Qué te ocurrió?
ANDRÉS	Es que soy un tonto. Me dormí en el sofá y me desperté a las dos de la mañana.
PERLA	¿Y tu hermana?
ANDRÉS	¿Pilar? Pilar tiene un examen de geografía el lunes; así que estudió toda la noche ayer y... Perla, ¿estás enojada?
PERLA	No. Está bien. ¿Cómo estás?...
MADRE	¿Hola?
VIVIANA	¿Está Perla, por favor?
MADRE	A ver un momentito. ¿De parte de quién?
VIVIANA	De Viviana.
MADRE	Un momentito...
PERLA	¿Hola, Viviana?
VIVIANA	Sí. ¿Cómo estás?
PERLA	Bien, ¿y tú?
VIVIANA	Bien, bien. ¿Cómo estuvo la fiesta anoche?
PERLA	Buenísima. Estuvimos bailando hasta las tres de la mañana. ¿Y a ti qué te ocurrió?
VIVIANA	Es que mis padres salieron y no pude dejar a mi hermano solo.
PERLA	¡Pues qué pena! Lo hubieras traído.
VIVIANA	Es que es muy pequeño y se acuesta temprano.
PERLA	¡Qué lástima!
VIVIANA	¡Ah! Y hablé con Esteban. ¡Qué tonto! No quiso salir anoche de su casa por la lluvia. Dice que hay muchos accidentes cuando llueve. Bueno, pero cuéntame de la fiesta. ¿Quiénes fueron?...

Actividad 8: Aeropuerto Internacional, buenos días. You will hear three people calling the airport to ask about arriving flights. As you listen to the conversations, fill in the missing information on the arrival board.

OPERADORA	Aeropuerto Internacional, buenos días.
HOMBRE A	Sí, quisiera saber a qué hora llega el vuelo de Iberia que viene de Lima.
OPERADORA	¿Sabe el número de vuelo?
HOMBRE A	El 952.
OPERADORA	A ver un momento... El 952. Aquí lo tengo. A las nueve y cincuenta.
HOMBRE A	A las nueve y cincuenta. Es decir que llega a tiempo.
OPERADORA	Sí, señor.
HOMBRE A	Bueno, muchas gracias.
OPERADORA	De nada.

OPERADORA	Aeropuerto Internacional, ¿qué desea?
MUJER	Sí, quiero saber a qué hora llega el vuelo 357 de TACA.
OPERADORA	¿De dónde viene?
MUJER	Viene de Tegucigalpa.
OPERADORA	A ver... Vuelo 357 de Tegucigalpa. Salió con retraso de Tegucigalpa; así que llega a las doce y cuarto hora local.
MUJER	¿Doce y cuarto dijo?
OPERADORA	Sí.
MUJER	Bueno, gracias. Adiós.
OPERADORA	Buenos días.

OPERADORA	Aeropuerto Internacional, buenos días.
HOMBRE B	Sí, señorita. ¿Me podría decir a qué hora llega el vuelo de LACSA de Nueva York?
OPERADORA	¿Sabe qué número de vuelo es?
HOMBRE B	No, no sé.
OPERADORA	¿Es directo?
HOMBRE B	No, hace escala en México.
OPERADORA	¡Ah! El vuelo 904. A ver... llega a las catorce y treinta y cinco.
HOMBRE B	O sea que llega con retraso. ¡Qué problema! ¿No sabe qué ocurrió?
OPERADORA	Bueno, hizo escala en México y se demoró por la lluvia, pero está confirmado para llegar a las catorce y treinta y cinco.
HOMBRE B	Bueno, señorita, muchas gracias.
OPERADORA	De nada. Adiós.
HOMBRE	Adiós.

Actividad 9: Las noticias. As you hear the news report, complete the following chart indicating who the people are and what happened in each case.

Noticiero Bolívar informa. En las noticias de hoy la ex terrorista, María Salinas, que estuvo en la prisión por diez años, salió finalmente en libertad. María Salinas entró en la prisión a los 25 años y hoy, en su cumpleaños número 35, es una mujer libre.

Mario Valori, el famoso director de cine, se casó en secreto el fin de semana pasado. No se sabe quién es la mujer afortunada, pero él y su esposa salieron hoy para pasar la luna de miel en algún lugar del Caribe.

El actor Pablo Bravo, quien tiene 75 años, fue papá hoy. Sí, la esposa de Bravo tuvo un hijo hoy en la mañana en el hospital Santa María. Ella tiene 29 años, o sea casi 45 años menos que su esposo. El niño se llama Santiago y pesó cuatro kilos. Felicitaciones.

Y para terminar tenemos noticias tristes. Sara Méndez, la hija del presidente, murió hoy en un accidente de auto en la ciudad de Pacheco. La familia del presidente se encuentra muy triste en este momento y no pudimos entrevistarla. En 30 minutos volvemos con más información.

Actividad 10: Cuánto tiempo hace que... ? You will listen to a set of personal questions. Pause the recording after you listen to each question, and write a complete answer in your lab manual.

1. ¿Cuánto tiempo hace que estudias en esta universidad?
2. ¿Cuánto tiempo hace que terminaste la escuela primaria?
3. ¿Cuánto hace que vives en esta ciudad?
4. ¿Cómo se llama tu mejor amigo y cuánto hace que lo conociste?

You have finished the lab program for Chapter 7. Now you will hear the textbook conversations.

Conversación: ¿En un "banco" de Segovia?

Conversación: Un día normal en el aeropuerto

Capítulo 8

MEJORA TU PRONUNCIACIÓN

The consonants *g* and *j*

As you saw in Chapter 6, the consonant **g,** when followed by the vowels *a, o,* or *u* or by the vowel combinations *ue* or *ui,* is pronounced a little softer than the *g* in the English word *guy,* for example, **gato, gordo, guerra.** G followed by *e* or *i* and **j** in all positions are both pronounced similarly to the *h* in the English word *hot,* as in the words **general** and **Jamaica.**

Actividad 1: Escucha y repite. Listen and repeat the following words. Pay attention to the pronunciation of the consonants **g** and **j.**

1. ojo (#)
2. Juan Carlos (#)
3. trabajar (#)

4. escoger (#)
5. congelador (#)
6. **g**i**g**ante (#)

Actividad 2: Las asignaturas. Listen and repeat the following conversation between two students. Pay attention to the pronunciation of the consonants **g** and **j.**

ESTUDIANTE 1	¿Qué asignatura vas a escoger? (#)
ESTUDIANTE 2	Creo que psicología. (#)
ESTUDIANTE 1	Pero es mejor geografía. (#)
ESTUDIANTE 2	¡Ay! Pero no traje el papel para inscribirme. (#)
ESTUDIANTE 1	¿El papel rojo? (#)
ESTUDIANTE 2	No. El papel anaranjado. (#)

MEJORA TU COMPRENSIÓN

Actividad 3: El crucigrama. Use the clues you will hear to complete the puzzle on electrical appliances. Remember to look over the list of words and the puzzle before you listen to the clues.

Número uno: Es algo que se usa en la casa para limpiar las alfombras. (#)
Número dos: Es algo que se usa por la mañana para preparar una bebida color marrón. (#)
Número tres: Es algo que se usa no para lavar los platos sino para lavar la ropa. (#)
Número cuatro: Es algo que se usa para lavar y secar los platos. (#)
Número cinco: Es algo que se usa por la mañana para preparar tostadas para el desayuno. (#)

Actividad 4: En busca de apartamento. Paulina has seen an ad listing an apartment for rent and calls to find out more about it. Listen to Paulina's conversation with the apartment manager and complete her notes on the apartment.

GERENTE	¿Aló?
PAULINA	Buenos días. Llamo por el aviso del apartamento que se alquila.
GERENTE	¿Sí?
PAULINA	Sí, me gustaría saber un poco más sobre el apartamento. El alquiler es $2.575, ¿no?
GERENTE	Así es, $2.575. Y hay que pagar un depósito también.
PAULINA	¿Cuánto es el depósito?
GERENTE	$1.200.

PAULINA	$1.200. Y, ¿está amueblado?
GERENTE	No, no tiene muebles pero sí tiene una cocina de gas.
PAULINA	¿Y tiene teléfono?
GERENTE	No, no tiene teléfono.
PAULINA	¿Y luz natural? ¿Tiene luz natural?
GERENTE	Sí, es muy luminoso pues está en un séptimo piso a la calle.
PAULINA	Bien. Me gustaría verlo.
GERENTE	Sí, cómo no. ¿Esta tarde a las cuatro está bien?
PAULINA	Sí, está bien.
GERENTE	¿Su nombre?
PAULINA	Paulina Gómez.
GERENTE	Bien.
PAULINA	¿Puede darme la dirección exacta?
GERENTE	Sí. San Martín 8963.
PAULINA	8963.
GERENTE	Séptimo piso, apartamento C.
PAULINA	Séptimo C.
GERENTE	Nos vemos entonces a las cuatro.
PAULINA	A las cuatro. Adiós.
GERENTE	Adiós.

Actividad 5: ¿Dónde ponemos los muebles? Paulina and her husband are moving into a new apartment and are now planning where to place their bedroom furniture. As you listen to their conversation, indicate where they are going to put each piece of furniture by writing the number of each item in one of the squares on the floor plan of their bedroom.

ESPOSO	¡Qué lindo apartamento que alquilamos!
PAULINA	Sí, lindísimo pero un poco pequeño.
ESPOSO	Bueno, no podemos tenerlo todo. Pero tenemos que decidir dónde poner los muebles en esta habitación. A ver... La cómoda puede ir aquí detrás de la puerta. ¿Te gusta?
PAULINA	Sí, creo que sí y entonces podemos poner la alfombra enfrente de la cómoda.
ESPOSO	Buena idea... Y la cama. ¿Dónde ponemos la cama?
PAULINA	¿Qué sé yo? A ver... Debajo de la ventana.
ESPOSO	Sí, debajo de la ventana me gusta y así podemos poner el televisor encima de la alfombra y mirar televisión desde la cama.
PAULINA	Perfecto, entonces ponemos la alfombra entre la cama y la cómoda. Bueno, ¿y qué más tenemos?
ESPOSO	El sillón azul y la mesa aquella.
PAULINA	Bueno, me gustaría poner el sillón a la derecha del televisor.
ESPOSO	No, no, no. Mejor a la izquierda porque a la derecha está muy cerca de la puerta.
PAULINA	Bien, entonces a la izquierda. ¿Y qué opinas de poner la mesa a la derecha de la cama, al lado del ropero?
ESPOSO	Sí, está bien. Creo que ahí va a quedar bien. ¿Nos queda algún otro mueble?
PAULINA	No, ésos son todos.
ESPOSO	Bueno, ahora a colocarlos.

Actividad 6: En el Rastro. Vicente and Teresa go to the Rastro (an open-air market in Madrid) to look for some inexpensive shelves. Listen to their conversation with a vendor and, based on what you hear, check whether the statements in your lab manual are true or false.

VICENTE	Cuánta gente hay, ¿no?
TERESA	Sí, es que hoy es domingo y mucha gente no trabaja.
VICENTE	Oye. Mira esos estantes.
TERESA	¿Cuáles?
VICENTE	Aquéllos, los estantes blancos.
TERESA	Sí, de veras son bonitos. Vamos a averiguar el precio.
VICENTE	Vamos.
TERESA	Señor, quiero saber cuánto cuesta ese estante.
COMERCIANTE	¿Cuál? ¿Este blanco?
TERESA	Sí, ése mismo.
COMERCIANTE	22 euros.
TERESA	¡Pero qué caro!
COMERCIANTE	Es que es de muy buena calidad.
TERESA	Sí, pero igual es caro. ¿No tiene otros más baratos?
COMERCIANTE	No, son los únicos que tengo.
TERESA	Bueno, le doy 16 euros por éste.
COMERCIANTE	No, señorita, no puedo hacer eso.
VICENTE	Es que es una estudiante. No tiene mucho dinero.
COMERCIANTE	¿Pero cuántos estantes va a llevar?
TERESA	Necesito dos. Es que tengo muchos libros.
COMERCIANTE	Bueno, le doy dos por 38 euros.
TERESA	Está bien, 38 euros. Aquí tiene. Muchas gracias, señor.
COMERCIANTE	De nada.

Actividad 7: Radio consulta. *(a)* Esperanza is the hostess of **"Problemas,"** a call-in radio show. As you listen to the following conversation between a caller and Esperanza, check off the caller's problem.

ESPERANZA	Bueno, y ahora con nuestra próxima llamada. Sí, adelante. Está en el aire.
MUJER	¿Esperanza?
ESPERANZA	Sí, soy yo. ¿Cuál es su nombre?
MUJER	Esperanza, me llamo Catalina. No sabe lo feliz que estoy de poder hablar con Ud. Quiero felicitarla por el programa que tiene. Es excelente.
ESPERANZA	Bueno, muchas gracias. A ver. Cuéntenos su problema.
MUJER	Bueno, me da vergüenza decirlo.
ESPERANZA	No se preocupe. Estoy aquí para ayudarla.
MUJER	Bueno... este... Es un problema terrible.
ESPERANZA	¿Qué ocurre?
MUJER	Es que hace dos meses que no se baña y tiene un olor terrible.
ESPERANZA	Perdón, señora, ¿quién hace dos meses que no se baña? ¿Su hijo?
MUJER	No, mi esposo, Esperanza, mi esposo. Yo le digo que se bañe pero no quiere. No sé por qué. Siempre se pone las mismas medias sucias y sólo cuando yo las escondo —las pongo debajo de la cama, ¿sabe?— sólo cuando las pongo allí, donde él no las ve, se pone unas limpias. Tiene un olor terrible. Parece un animal. No entiendo cómo hacen sus compañeros de la oficina para tolerar ese olor. Ya no sé qué hacer, pues es imposible estar con una persona que no se baña. ¿Qué hago?

(b) Before you listen to Esperanza's reply, choose which actions from the list *you* would advise the caller to take.

(c) Now, listen to Esperanza and check off in the list above the three pieces of advice she gives.

ESPERANZA   Bueno, querida Catalina, yo le aconsejo que lleve a su esposo a un psicólogo inmediatamente. No es normal que una persona no se bañe por tanto tiempo. Quiero que le diga a su esposo que es muy desconsiderado por no bañarse y que todos sienten ese olor terrible que él tiene. Busque un psicólogo y haga una cita para que su esposo hable con él. Quiero que le diga a su esposo que la situación no puede continuar así; si no, Ud. va a hacer algo drástico. ¿Me entendió?

Actividad 8: El dictáfono. Patricio's boss is out of the office, and she has left him a message on the dictaphone reminding him of the things they have to do today. Listen to the message and write a **P** in front of the things that Patricio is asked to do and a **J** (for **jefa**) in front of the things that Patricio's boss will do herself.

Patricio, tengo que salir un momento de la oficina, pero te dejo un mensaje con las cosas que tenemos que hacer hoy. Quiero que compres una cafetera para la oficina. La que tenemos no funciona bien. También es importante que les escribas la carta con los precios a los señores Montero. Yo necesito llamarlos para conseguir su dirección exacta. Pero no te preocupes. Quiero que escribas la carta, que yo averiguo la dirección. Esta tarde voy a llamar a la agencia de viajes para ver si tienen preparado mi pasaje. Necesito que vayas a buscar el pasaje, pues lo necesito para el fin de semana. No te preocupes por el dinero. Yo tengo que ir al banco a buscar dinero; así que te voy a dar el dinero para que pagues el pasaje. Así que la cafetera, la carta y el pasaje. No te olvides, por favor. Nos vemos pronto.

Actividad 9: Busco un hombre que... *(a)* You will listen to a radio ad of a woman who is looking for her ideal partner. Before you listen to the ad, stop the recording and check off the characteristics you look for in a partner.
   (b) Now listen to the radio ad and check off in the list above the characteristics this woman is looking for in a man.

Busco un hombre especial. Busco a alguien que sea simpático, pero no es importante que sea inteligente. Me gusta un hombre a quien le guste salir mucho por la noche. Es importante que sepa bailar bien, pues para mí un hombre que no sabe bailar no es un hombre atractivo. Lo siento, chicos, ya sé que es superficial, pero el baile es importante para mí. Así que si tú eres simpático, si te gusta salir por la noche y si sabes bailar bien, yo soy la mujer que buscas. Mándame un email con tu foto a...

You have finished the lab program for Chapter 8. Now you will hear the textbook conversations.

Conversación: En busca de apartamento

Conversación: Todos son expertos

Capítulo 9

MEJORA TU PRONUNCIACIÓN

The consonants c, s, and z

In Hispanic America, the consonant **c**, followed by an *e* or an *i*, and the consonants **s** and **z** are usually pronounced like the *s* in the English word *sin*. In Spain, on the other hand, the consonants **c** followed by an *e* or an *i*, and **z** are usually pronounced like the *th* in the English word *thin*.

Actividad 1: Escucha y repite. *(a)* Listen and repeat the following food-related words. Pay attention to the pronunciation of the consonant **c** followed by an *e* or an *i*, and the consonants **s** and **z**.

1. la taza (#)
2. el vaso (#)
3. la ensalada (#)
4. el postre (#)
5. la cocina (#)
6. la cerveza (#)

(b) Now listen to the same words again as they are pronounced by a speaker from Spain. Do not repeat the words.

1. la taza
2. el vaso
3. la ensalada
4. el postre
5. la cocina
6. la cerveza

Actividad 2: La receta. Listen to the following portions of Álvaro's tortilla recipe. Notice how Álvaro, who is from Spain, pronounces the consonant **c** followed by an *e* or an *i*, and the consonants **s** and **z**.

Se cortan unas cuatro patatas grandes. (#)
Luego se fríen en aceite. (#)
Mientras tanto, revuelves los huevos. (#)
Se ponen las patatas y la cebolla en un recipiente. (#)
Y se añade un poco de sal. (#)

MEJORA TU COMPRENSIÓN

Actividad 3: ¿Certeza o duda? You will hear four statements. For each of them, indicate whether the speaker is expressing certainty or doubt.

1. Es evidente que a ti no te interesa estudiar. Siempre estás mirando televisión.
2. Dudo que él tenga cuarenta mil dólares para comprar un Mercedes Benz.
3. Es posible que Marco esté divorciado.
4. No hay duda que Salamanca es una ciudad bellísima.

Actividad 4: Mañana es día de fiesta. Silvia is talking on the phone with a friend about her plans for tomorrow. As you listen to what she says, write four phrases about what may happen.

¡Ay, sí! Yo tengo el día libre mañana. Y... quizás... quizás vaya a la playa. Tengo muchas ganas de ir a la playa. ¿Quieres ir?... ¿Sí? Tal vez... tal vez prepare unos sándwiches para llevar. ¿Te gusta la idea? O quizás podamos... podamos comer en un bar en la playa. Espero que no salga caro. ¿Qué prefieres tú?... Bueno, entonces comemos en un bar. ¡Ah! Casi me olvido. Quizás venga Pablo, mi hermano. No estoy segura. Pero él quizás venga con nosotras... Ojalá que traiga a su amigo Andrés. Es tan guapo. Quiero que lo conozcas... Bueno, entonces mañana por la mañana te llamo y si es un día lindo vamos a la playa... Chau.

Actividad 5: Mi primer trabajo. As you listen to Mariano telling about his first job, fill in each of the blanks in his story with one or more words.

Tenía... veinte años, sí... cuando empecé mi primer trabajo. Eran las... las ocho y media cuando llegué a la oficina el primer día. Allí conocí a mis colegas. Todos eran muy simpáticos. Una persona estaba enferma, así que yo trabajé por él todo el santo día. Era la una de la mañana cuando terminé. Ése fue un día difícil pero feliz.

Actividad 6: El horario de Nélida. After you hear what Nélida did this evening, figure out when each event happened. You may want to listen more than once.

Era medianoche cuando Nélida entró a su casa. Media hora más tarde, alguien la llamó por teléfono, pero ella no contestó porque todavía estaba mojada. (Es que cinco minutos antes había entrado a la bañera, donde estuvo por unos quince minutos.) Cuando salió del baño, empezó en la televisión el programa "Los Simpsons", donde Homero pierde su trabajo por quinta vez. Cuando terminó el programa, ella se durmió.

Actividad 7: Las compras. Doña Emilia is going to send her son Ramón grocery shopping and is now figuring out what they need. As you listen to their conversation, check off the items they have, those they need to buy, and those they are going to borrow from a neighbor.

EMILIA	Bueno, a ver qué necesitamos comprar para la cena de esta noche.
RAMÓN	A ver. ¿Tenemos aceite?
EMILIA	No, no tenemos. Creo que necesitamos. Compra aceite de oliva, por favor.
RAMÓN	Bueno, lo voy a anotar. ¿Qué más?
EMILIA	No sé. Ah, sí, tomates. Compra más o menos un kilo.
RAMÓN	¿Tenemos Coca-Cola?
EMILIA	Sí, hay dos botellas, así que no compres más. A ver el vino... vino, vino... No, no hay. Compra una botella de vino blanco.
RAMÓN	Bueno, vino blanco. ¿Qué marca?
EMILIA	Cualquiera, no importa. Ah, leche. A ver si tenemos. No. Bueno, no importa. Le podemos pedir a la vecina que nos dé una taza.
RAMÓN	¿Y no necesitamos vinagre para la ensalada?
EMILIA	No, ayer compré, así que tenemos una botella entera.
RAMÓN	¿Algo más?
EMILIA	No, creo que nada más. Aquí tienes el dinero.

Actividad 8: La receta de doña Petrona. You will now hear doña Petrona demonstrating how to make **ensalada criolla** on her television program, **"Recetas Exitosas"**. As you hear her description of each step, number the drawings to show the correct order. Note that there are some extra drawings.

Buenas tardes, señoras y señores. ¿Cómo están? ¿Bien? Bueno, ahora les voy a enseñar cómo preparar una "ensalada criolla". Primero, se cortan los pimientos, los tomates y las cebollas. Así, bien cortados. Ojo con las cebollas. No lloren. Luego se ponen estos ingredientes —los tomates, los pimientos y las cebollas— en un recipiente. Luego se añaden aceite y vinagre al gusto. Y finalmente todo se revuelve bien. ¿Ven? Luego, se pone la ensalada en la nevera para servirla bien fría. Así es como queda terminada la ensalada. Es rápida y fácil de preparar e ideal para las visitas inesperadas.

Actividad 9: Cómo poner la mesa. You will hear a man on a radio describing how to set a place setting. As you listen to him, draw where each item should go on the place mat.

Estimados radioescuchas, hoy voy a enseñarles a poner la mesa. Antes que nada, tenemos que decidir qué tipo de comida vamos a servir para decidir qué cubiertos vamos a usar. Digamos que el primer plato es una sopa, luego tenemos carne con papas y de postre, flan. Entonces, primero se pone el plato en el centro. A la izquierda del plato se pone un tenedor y luego a la derecha del plato se pone el cuchillo. ¿Y dónde ponemos la cuchara para la sopa? Pues la cuchara se pone al lado del cuchillo, es decir, a la derecha del cuchillo porque la usamos primero. Luego tenemos la copa para vino y la copa para agua. Primero ponemos la copa de vino arriba del cuchillo y la copa de agua a la izquierda de la copa de vino. Ah, me olvidaba de la cuchara para el flan. Pues la cuchara se pone arriba del plato al lado de la copa de agua. Y por último tenemos la servilleta. Para la servilleta tenemos dos opciones: encima del plato o debajo del cuchillo y la cuchara de sopa, no debajo del tenedor. Nunca se pone la servilleta debajo del tenedor. Y eso es todo. La semana próxima les explicaré cómo preparar un pollo al ajo.

Actividad 10: Cuando estudio mucho. *(a)* Pause the recording and write in Spanish three things that you like doing to take your mind off school or work.
   (b) Federico, Gustavo, and Marisa are discussing what they do to take their minds off their studies. Listen to their conversation and write down sentences to indicate what activity (or activities) each of them finds relaxing.

FEDERICO	Bueno, ¿pero qué haces tú, Marisa, en tu tiempo libre?
MARISA	Bueno pues, depende. A veces necesito hacer cosas con las manos; por ejemplo, a veces me gusta tejer.
FEDERICO	Tejer, ¿eh? Parece que tejer es popular otra vez. Y a ti, Gustavo, ¿qué te gusta hacer?
GUSTAVO	Pues cuando tengo tiempo, me gusta arreglar el carro. Creo que las actividades con las manos a veces son necesarias para eliminar la tensión de nuestro cuerpo. ¿Y qué haces tú, Federico?
FEDERICO	Si yo estudio todo el día, necesito relajarme. Para mí lo mejor es nadar. Cuando termino de nadar, me siento tan bien, tan relajado.
GUSTAVO	A veces cuando estoy muy cansado, me gusta leer, pero nada serio o muy complicado sino algo simple como una revista de Superman o de Batman, tú sabes.
MARISA	Sí, cuando estoy cansada, a veces me gusta mirar televisión para olvidarme de los estudios. Es una buena terapia y a veces me quedo dormida mirando un programa.

Actividad 11: El viaje a Machu Picchu. Mr. López receives a phone call. Listen to his conversation with the caller and check whether each statement is true or false.

SR. LÓPEZ	Dígame.
MUJER	Felicitaciones, señor. Ud. acaba de ganar un viaje a Machu Picchu, Perú, para ver las increíbles ruinas de los incas.
SR. LÓPEZ	¿Qué?
MUJER	Que ganó un viaje a Machu Picchu.
SR. LÓPEZ	¡¿Cómo?! No, no, no es posible.
MUJER	Sí, es posible, señor. Va a ir a Machu Picchu.
SR. LÓPEZ	¿Y por qué?
MUJER	Porque nuestra computadora escogió su número de teléfono.
SR. LÓPEZ	No creo que sea verdad.
MUJER	Pero, señor, tiene dos pasajes de ida y vuelta a Machu Picchu para Ud. y una persona más y cinco noches en un hotel de cinco estrellas en Cuzco, con comidas incluidas.
SR. LÓPEZ	¿Cinco noches dijo?
MUJER	Sí, cinco noches.
SR. LÓPEZ	¿Pasajes para dos personas?
MUJER	Así es. Oyó bien. Dos pasajes: para Ud. y otra persona. ¿Me puede dar su número de tarjeta de crédito?
SR. LÓPEZ	Bueno, está bien. Un momento, que la tengo que buscar. Pe-pero ¿para qué quiere mi número de tarjeta?

MUJER	Es que necesita darme su número de tarjeta y su dirección para que reciba los pasajes y las reservas de hotel.
SR. LÓPEZ	Pero esto me parece muy extraño.
MUJER	Pero es necesario que me dé su número de tarjeta.
SR. LÓPEZ	Creo que lo voy a pensar.
MUJER	Pero, señor, es probable que no reciba los pasajes si no me da su número de tarjeta ahora.
SR. LÓPEZ	No creo que sea cierto lo que Ud. me dice. Adiós.
MUJER	Pe-pero, señor. ¡Hola! ¡Hola!

You have finished the lab program for Chapter 9. Now you will hear the textbook conversations.

Conversación: El trabajo y el tiempo libre

Conversación: Después de comer, nada mejor que la sobremesa

Capítulo 10

MEJORA TU PRONUNCIACIÓN

Diphthongs

In Spanish, vowels are classified as weak (**i, u**) or strong (**a, e, o**). A diphthong is a combination of two weak vowels or a strong and a weak vowel in the same syllable. When a strong and a weak vowel are combined in the same syllable, the strong vowel takes a slightly greater stress, for example, **vuelvo.** When two weak vowels are combined, the second one takes a slightly greater stress, as in the word **ciudad.** Sometimes the weak vowel in a strong-weak combination takes a written accent, and the diphthong is therefore dissolved, as in **día.**

Actividad 1: Escucha y repite. Escucha y repite las siguientes palabras.

1. la p**ie**rna (#)
2. la leng**ua** (#)
3. los **oí**dos (#)
4. los lab**io**s (#)
5. el p**ie** (#)
6. c**ui**dar (#)

Actividad 2: Escucha y repite. Escucha y repite las siguientes oraciones de la conversación en el libro de texto entre Vicente y sus padres.

1. S**ie**mpre los echo de menos. (#)
2. B**ue**no, ahora vamos a ir a Sarchí. (#)
3. Ten**ía** tres años c**ua**ndo subí a la carreta del ab**ue**lo. (#)
4. No me s**ie**nto b**ie**n. (#)
5. ¿Qu**ie**res comprarle algo de artesan**ía** típica? (#)

Actividad 3: ¿Diptongo o no? Escucha y marca si las siguientes palabras contienen diptongo o no.

1. estadio
2. ruedas
3. esquíes
4. pierna
5. oído
6. peine

MEJORA TU COMPRENSIÓN

Actividad 4: Los preparativos de la fiesta. La Sra. Uriburu llama a casa para ver si su esposo ha hecho algunos preparativos para la cena de esta noche. Mientras escuchas a la Sra. Uriburu, escoge de la lista las respuestas correctas de su esposo.

SRA. URIBURU	Querido, ¿limpiaste la sala?
ESPOSO	(1.)
SRA. URIBURU	¡Qué bien! Y, ¿compraste el vino blanco?
ESPOSO	(2.)
SRA. URIBURU	Pero, ¿por qué no lo compraste?
ESPOSO	(3.)
SRA. URIBURU	Y, ¿le preparaste la comida al perro?
ESPOSO	(4.)

SRA. URIBURU	Bien. Entonces ya no debe tener hambre. ¿Qué más? ¿Les diste el dinero a los niños para ir al cine?
ESPOSO	(5.)
SRA. URIBURU	Y, ¿te llamó Lucía para confirmar si venía?
ESPOSO	(6.)
SRA. URIBURU	¡Qué lástima que no te llamara! Bueno, voy a estar en casa en una hora. Voy a ver si la llamo cuando llegue ~asa. Adiós.

Actividad 5: ¿Le molesta o le gusta? As you listen to a series of statements, check off the opinion of the speaker in each case.

1. El trimestre pasado tuve mucha suerte. Tomé tres clases y en todas saqué notas excelentes. Y eso que estudié muy poco, ¿eh?
2. Y todos los domingos voy a comer a la casa de mis padres. Es una tradición que tenemos desde que yo era niño y realmente nos divertimos mucho.
3. Oye, ¿vas a leer mucho más? Me gustaría dormir y no puedo con esa luz.
4. ¿La última película de Jodie Foster? Mira, fui con mi amiga Ester y a ella le encantó, pero yo me quedé dormido. Con eso te digo todo.

Actividad 6: Tengo correo electrónico. Escucha la conversación telefónica entre Fernando y Betina y completa la siguiente tabla.

BETINA	¿Bueno?
FERNANDO	¿Está Betina, por favor?
BETINA	¿De parte de quién?
FERNANDO	Betina, soy yo, Fernando.
BETINA	Fernando, ¿qué tal?
FERNANDO	Bien, gracias. Mira, te llamaba para decirte que ya tengo dirección de correo electrónico, pero... pero no te pude escribir porque no sabía tu dirección.
BETINA	Pues te la doy. ¿Tienes para anotar?
FERNANDO	Sí, estoy listo. Dime.
BETINA	Mi dirección es betina uno...
FERNANDO	Betina uno.
BETINA	Arroba pueblonatal...
FERNANDO	Arroba pueblonatal...
BETINA	Punto com, punto eme, equis.
FERNANDO	Punto eme, equis.
BETINA	Sí. Eme equis indica que la dirección es de México.
FERNANDO	¡Ah! No sabía, mi dirección también tiene eme, equis al final, claro.
BETINA	Claro.
FERNANDO	Entonces te repito. Betina uno, arroba, pueblonatal, punto com, punto eme, equis.
BETINA	Correcto. Bueno, dame la tuya. No, mejor no me la des, mándame un mensaje y cuando lo reciba te mando uno de vuelta.
FERNANDO	Buena idea. ¿Y sabes lo que descubrí navegando por Internet?
BETINA	No, ¿qué?
FERNANDO	Que puedes leer las noticias del día en el Excelsior que está en Internet.
BETINA	¡El Excelsior de México! ¡No me digas! ¿Sabes cuál es el sitio?
FERNANDO	Anota, anota, que te lo digo.
BETINA	Sí, dime.
FERNANDO	Ache, te, te, pe, dos puntos, barra, barra...
BETINA	Dos puntos, barra, barra...
FERNANDO	Doble u, doble u, doble u, punto...
BETINA	Punto...
FERNANDO	Excelsior con minúscula...
BETINA	Excelsior... Excelsior es con ese, ¿no?

FERNANDO	Sí, e, equis, ce, e, ele, ese, i, o, ere. Luego, punto com, punto eme, equis.
BETINA	Eme, equis. Entonces es doble u, doble u, doble u, punto, excelsior, punto com, punto eme, equis.
FERNANDO	Así es.
BETINA	Ya mismo voy a ir a ese sitio. Gracias y mándame un mensaje.
FERNANDO	Sí. Adiós.
BETINA	Adiós.

Actividad 7: Los testimonios. Ayer hubo un asalto a un banco y ahora un detective les está haciendo preguntas a tres testigos. Escucha las descripciones de los testigos y escoge el dibujo correcto del asaltante.

DETECTIVE	Bueno, abuelita, ¿cómo era el asaltante?
TESTIGO 1	Era muy guapo. Era alto y tenía unos ojos bellísimos. Me recuerda a mi hijo. Tenía unos labios grandes.
DETECTIVE	¿Era gordo o delgado?
TESTIGO 1	Era un poco gordo pero no gordo, gordo.
DETECTIVE	Y, ¿qué llevaba?
TESTIGO 1	Llevaba saco y pantalones. No recuerdo mucho.
TESTIGO 2	Sí, yo creo que vi bien al asaltante. Era un hombre joven, tenía unos treinta años. Era un poco gordo.
DETECTIVE	¿Y su altera?
TESTIGO 2	Era alto. Tenía pelo largo hasta los hombros.
DETECTIVE	¿Alguna otra característica notable?
TESTIGO 2	Bueno, tenía barba. Sí, sí, tenía barba.
TESTIGO 3	Yo vi bien al asaltante pero sabe que estoy un poco nervioso.
DETECTIVE	Cálmese, señor. A ver, ¿qué recuerda de este hombre?
TESTIGO 3	Bueno, era alto, con pelo largo; tenía unos ojos grandes.
DETECTIVE	Y, ¿barba? ¿Tenía barba?
TESTIGO 3	Sí, tenía barba pero era una barba bastante corta. Era una barba de hace un mes.
DETECTIVE	¿Algo más que recuerda?
TESTIGO 3	Tenía una nariz bastante pequeña. Llevaba saco, pantalones y...

Actividad 8: Un mensaje telefónico. El asaltante del banco llama a su jefa a la casa y le deja un mensaje muy importante. Escucha y escribe el mensaje. Cuando termines, para la cinta o el CD y usa las letras que tienen números debajo para descifrar el mensaje secreto que el asaltante le deja a su jefa.

SEÑOR	¿Aló?
ASALTANTE	Sí, ¿está doña Marta?
SEÑOR	No, ¿quién le habla?
ASALTANTE	Soy José Luis. ¿Le podría dejar un mensaje?
SEÑOR	Sí, está bien.
ASALTANTE	Bueno, pero es muy importante que escriba todas las palabras que le digo.
SEÑOR	Adelante. Dígame.
ASALTANTE	El mensaje es: "Estoy bien...
SEÑOR	Estoy bien...
ASALTANTE	Compré los zapatos...
SEÑOR	Compré los zapatos...
ASALTANTE	Buenos días."
SEÑOR	¿Buenos días?
ASALTANTE	Sí, "buenos días" es parte del mensaje.
SEÑOR	Está bien, está bien. ¿Algo más?
ASALTANTE	Eso es todo.
SEÑOR	Bueno, le doy el mensaje en cuanto llegue.
ASALTANTE	Gracias.

SEÑOR	No hay de qué.
ASALTANTE	Adiós.
SEÑOR	Adiós.

Actividad 9: El accidente automovilístico. (a) Vas a escuchar una entrevista de radio con una doctora que vio un accidente automovilístico entre un camión y un autobús escolar. Antes de escuchar, para la cinta o el CD y usa la imaginación para escribir qué hacían las personas de la lista cuando la doctora llegó al lugar del accidente.

(b) Ahora escucha la entrevista y escribe qué hacían las personas de la lista según la doctora.

ENTREVISTADOR	Bueno, Dra. Ramos, ¿por qué no nos cuenta un poco del accidente de esta mañana entre el camión y el autobús escolar?
DOCTORA	Bueno, fue un accidente bastante feo, sabe. Cuando recibí la llamada de emergencia, salí corriendo y cuando llegué a la esquina de las calles Bolívar y Perú, me encontré con esta escena. Ud. sabe, los niños, pobrecitos, lloraban y lloraban como locos. Había mucho ruido con las ambulancias, el conductor del autobús que gritaba para que sacaran a los niños del autobús y bueno, los paramédicos ayudaban... ayudaban a sacar a los niños del autobús. Bueno, y por supuesto, los revisaban.
ENTREVISTADOR	¿Y cómo estaban los niños?
DOCTORA	Por suerte, los niños estaban bien. Y la policía controlaba el tráfico, pues Ud. sabe, el tráfico era terrible y los peatones simplemente miraban con curiosidad el accidente.
ENTREVISTADOR	¿Qué pasó con el camión?
DOCTORA	Desafortunadamente, el camión se quemó y el conductor del camión murió instantáneamente.

Actividad 10: Los regalos. María y Pedro van a una tienda de deportes que tiene varias ofertas. Escucha la conversación y escribe qué les compran a sus hijos.

MARÍA	Mira todas las cosas que hay ¡y qué precios más baratos!
PEDRO	Sí, aprovechemos para comprarles regalos de Navidad a los niños. A ver, a Miguel qué le podemos comprar. Bueno quizás unos guantes de boxeo.
MARÍA	No, por favor. Pienso que boxear es demasiado violento. Pero mira esa raqueta que está allí. ¿Te gusta?
PEDRO	¿Cuál? ¿La raqueta de squash?
MARÍA	Sí, esa Dunlop. Es la raqueta que a él le gusta. A ver el precio... Está barata.
PEDRO	Es muy bonita. Bueno, entonces se la compramos.
MARÍA	De acuerdo.
PEDRO	Y ya que estamos en esta sección le podemos buscar una raqueta de tenis a Patricia.
MARÍA	Pero Patricia acaba de comenzar a jugar y no sabemos si le va a gustar por mucho tiempo. ¿Qué tal unos esquíes? Los de ella están muy viejos.
PEDRO	Bueno. Ven. Vamos a verlos... ¡Mira qué bonitos! Y ¡qué rebajas! Le podemos comprar unos esquíes a Patricia y unos a Felipe. Les van a encantar.
MARÍA	Pero, ¿no son un poco caros?
PEDRO	No, aquí los tienen baratísimos. Y van a estar felices con estos esquíes.
MARÍA	Está bien, está bien. Bueno, a ver... ¿Qué tenemos?
PEDRO	Tenemos los esquíes para Patricia, los otros esquíes para Felipe... para Miguel la, la raqueta de squash ... y ahora nos falta un regalo para Ángeles.
MARÍA	Pobre Ángeles. A ver... ¿Qué te parece que necesita?
PEDRO	No sé... Bueno, guante de béisbol ya tiene, ¿no?
MARÍA	Sí, tiene dos o tres.
PEDRO	¡Ah! Ya sé. Un par de patines.
MARÍA	¿De hielo?
PEDRO	No, patines en línea; así puede patinar por la calle que tanto le gusta.
MARÍA	Bueno, listo. Con eso tenemos suficientes regalos. Y tú, ¿no necesitas nada?...

Actividad 11: Diana en los Estados Unidos. Diana está hablando con Teresa sobre su vida en los Estados Unidos. Escucha la conversación y marca **C** si las oraciones sobre Diana son ciertas o **F** si son falsas.

DIANA   Y sí. Mi vida allí en los Estados Unidos era un poco diferente.

TERESA   ¿Diferente? ¿Por qué?

DIANA   Bueno, porque yo vivía en Ohio en una ciudad pequeña, y ahora vivo en Madrid, que es mucho más grande.

TERESA   Y ¿qué prefieres?

DIANA   No sé. Me gustan las ciudades pequeñas porque son tranquilas, pero también me gustan las ciudades grandes porque son muy activas culturalmente.

TERESA   Y ¿qué otras diferencias hay entre tu vida aquí y allí?

DIANA   Bueno, aquí enseño inglés y en Ohio enseñaba español en una escuela secundaria. En general hablaba español casi todo el día: en la escuela, con mi madre, con algunos amigos... También allí me levantaba temprano para ir a trabajar. Y aquí no; aquí me levanto tarde.

TERESA   Y en Ohio, ¿vivías en casa de tus padres?

DIANA   No, no. Vivía en un apartamento con Nancy, una compañera de trabajo.

TERESA   ¿Ella enseñaba en la misma escuela que tú?

DIANA   Sí, pero yo trabajaba todo el día y ella no porque también estudiaba en la universidad.

TERESA   Y, ¿qué estudiaba?

DIANA   Ehm... Estudiaba literatura española. Y ahora yo estudio literatura española aquí en Madrid.

TERESA   ¿Y? ¿Te gusta?

DIANA   Sí. Me encanta. Estoy muy contenta.

Éste es el final del programa de laboratorio para el Capítulo 10. Escucha ahora las conversaciones del libro de texto.

Conversación: ¡*Feliz cumpleaños!*

Conversación: *Teresa, campeona de tenis*

Capítulo 11

MEJORA TU PRONUNCIACIÓN

The consonant h

The consonant **h** is always silent in Spanish. For example, the word *hotel* in English is **hotel** in Spanish.

Actividad 1: Escucha y repite. Escucha y repite las siguientes frases relacionadas con la salud.

1. **h**emorragia (#)
2. **h**ospital (#)
3. **h**acer un análisis (#)
4. **h**erida (#)
5. alco**h**ol (#)
6. **h**epatitis (#)

Actividad 2: En el consultorio. Escucha y repite las siguientes oraciones de la conversación en el libro de texto entre la familia de don Alejandro y la doctora.

1. Hoy me duele la pierna derecha. (#)
2. Debemos hacerle un análisis de sangre ahora mismo. (#)
3. Hay que internarlo en el hospital. (#)
4. Y ahora no voy a poder. (#)

MEJORA TU COMPRENSIÓN

Actividad 3: No me siento bien. *(a)* Vas a escuchar tres conversaciones sobre personas que tienen problemas de salud. Escucha y escribe en la tabla qué problema tiene cada persona.

1.
HOMBRE	¡Ay! ¡Qué dolor!
MUJER	¿Qué te pasa?
HOMBRE	Tengo un dolor de cabeza terrible.
MUJER	¡Qué mala suerte! ¿Por qué no duermes un poco? Creo que si duermes, te vas a sentir mejor. Necesitas relajarte.
HOMBRE	Bueno, voy a dormir por media hora.

2.
NIÑA	Mami, tengo náuseas. No sé qué me pasa.
MADRE	A ver. ¿Comiste algo malo?
NIÑA	No, no comí nada.
MADRE	Bueno, no quiero que comas nada. Espera una hora a ver si se te va la sensación de náuseas.
NIÑA	Pero tengo hambre.
MADRE	Por favor, no comas nada porque te puede hacer mal.

3.
ADRIANA	Dígame.
VALERIA	¿Adriana? ¿Eres tú?
ADRIANA	Sí, soy yo. ¿Quién es? ¿Valeria?
VALERIA	Sí, ¿pero qué te pasa?
ADRIANA	Tengo un dolor de garganta terrible. Casi no puedo hablar.
VALERIA	Sí, ya veo. Pues entonces debes beber un té bien caliente.
ADRIANA	Pero no me gusta el té.

VALERIA	Pero el té te va a hacer bien. Tómate una taza de té y trata de no hablar mucho. Vas a ver que te va a hacer mucho bien.
ADRIANA	Bueno, está bien, está bien.
VALERIA	Que te mejores.
ADRIANA	Gracias.
VALERIA	Chau.
ADRIANA	Adiós.

(b) Ahora escucha las conversaciones otra vez y escribe en la tabla qué consejo recibe cada persona.

Actividad 4: La conversación telefónica. Clara está hablando por teléfono con una amiga. Tiene hipo y no puede terminar algunas frases. Escucha lo que dice Clara y selecciona una palabra para completar la idea que ella no termina cada vez que la interrumpe el hipo. Numéralas del 1 al 4.

CLARA	¿Qué estoy haciendo? Bueno, Pablo y yo estamos en la sala, en el sofá. Estamos (hic)... mirando televisión. Es una película de Clint Eastwood. Pero a Pablo no le gusta. Está (hic)... No, no te preocupes; ahora están dando anuncios comerciales, así que no me estoy perdiendo nada... ¿Qué dices? No te oigo. Espera un momento... ¡Pablo! Por favor, baja el volumen del televisor, que los niños están (hic) ... y se van a despertar. Gracias... Hola. Bueno, ¿qué te iba a decir? Ah, sí, que son las doce de la noche y mi hijo Raúl todavía no ha regresado. Estoy un poco (hic)... ¡Ay! No sé qué voy a hacer con este hipo que tengo. Quizá sea porque estoy nerviosa por mi hijo que todavía no está en casa.

Actividad 5: La fiesta inesperada. Esteban decidió hacer una fiesta ayer por la noche e inmediatamente llamó a sus amigos y les dijo que fueran a su casa exactamente como estaban en ese momento. Hoy Esteban está hablando con su madre sobre la fiesta. Escucha la conversación y marca qué estaba haciendo cada una de estas personas cuando Esteban las llamó.

ESTEBAN	¡Qué divertida que estuvo la fiesta anoche!
MADRE	Cuéntame, hijo.
ESTEBAN	Bueno, conoces a Ricardo, ¿no?
MADRE	Sí.
ESTEBAN	Bueno, él tenía el pelo mojado y vino sin ropa y con sólo una toalla.
MADRE	No me digas. ¿Y tu amiga María?
ESTEBAN	Ah, ella vino a la fiesta con un solo zapato y Héctor, su novio, vino con un tenedor en la boca.
MADRE	¡Ay, qué gracioso! ¿Y alguien más?
ESTEBAN	Sí, Claudia, mi vecina, vino con crema de afeitar en las piernas.
MADRE	¿En las piernas?
ESTEBAN	Sí, en las piernas. ¡Te imaginas cómo se reía la gente! Aparte caminaba y dejaba la crema de afeitar en todas partes.
MADRE	¿Y Silvio fue a tu fiesta?
ESTEBAN	Sí, tuve que insistirle mil veces para que viniera y por fin vino él, muy fanático. Trajo una guía de televisión. Tú sabes, siempre está sentado delante de la televisión.

Actividad 6: Problemas con el carro. Un señor tuvo un accidente automovilístico y ahora está hablando por teléfono con un agente de la compañía de seguros para decirle los problemas que tiene su carro. Escucha la conversación y pon una **X** sólo en las partes del carro que tienen problemas.

AGENTE	Bueno, ¿y cuándo ocurrió el accidente?
HOMBRE	Ayer a las dos de la mañana.
AGENTE	¡Qué mala suerte! A ver, descríbame un poco los problemas del carro. ¿Problemas con el motor?
HOMBRE	No, el motor está intacto, por suerte. Pero el carro necesita un parabrisas nuevo porque está totalmente destruido.
AGENTE	Bien. ¿Qué más? ¿El baúl está bien?
HOMBRE	Sí, ése está bien, pues el hombre me chocó de mi lado.

AGENTE	¡Qué peligro!
HOMBRE	Por suerte yo estoy bien. ¡Ah, sí! Mi puerta, la del conductor, tiene problemas. Es difícil abrirla.
AGENTE	Bueno, ¿algo más? ¿Las luces?
HOMBRE	Sí, las luces de atrás. Necesito luces nuevas.
AGENTE	¿Qué más?
HOMBRE	Creo que eso es todo.
AGENTE	Bien. Lleve su carro a un mecánico y luego quiero que me llame. Así puedo ir personalmente a ver el carro para aprobarle los costos de reparación.
HOMBRE	Bien, muchas gracias.
AGENTE	No hay de qué. Buenos días.
HOMBRE	Buenos días.

Actividad 7: Quiero alquilar un carro. Tomás está en Santiago, Chile, y quiere alquilar un carro por una semana para conocer el país. Por eso llama a una agencia de alquiler para obtener información. Escucha la conversación y completa los apuntes que él toma.

EMPLEADA	Rent-a-carro. Buenos días.
TOMÁS	Buenos días. Estoy interesado en alquilar un auto.
EMPLEADA	Bien. ¿Para cuándo lo quiere?
TOMÁS	Para mañana.
EMPLEADA	¿Y para cuántas personas?
TOMÁS	Para dos. Quiero saber cuánto cuesta.
EMPLEADA	Bueno, hay diferentes precios. Por ejemplo, tenemos un precio de kilometraje ilimitado, que le sale por una semana 165.000 pesos y por quince días 295.000 pesos.
TOMÁS	Sí, a mí me interesa alquilar por una semana.
EMPLEADA	Entonces por siete días son 165.000 pesos.
TOMÁS	En ese precio que Ud. me dice, ¿está incluido el seguro del auto?
EMPLEADA	No, el seguro no está incluido en el precio.
TOMÁS	¿Y en cuánto me sale?
EMPLEADA	Bueno, más o menos en 16.000 pesos por día.
TOMÁS	Y si quiero alquilar el auto por ocho días en vez de siete, ¿cuánto cuesta el día extra?
EMPLEADA	Espere que me fije... Cuesta 26.500 pesos por cada día extra.
TOMÁS	26.500 pesos. Bien. ¿Y a qué hora tengo que devolver el auto?
EMPLEADA	Antes de las doce de la noche del día de entrega. Si lo devuelve después de las doce, tiene que pagar por un día más.
TOMÁS	¿Y puedo entregar el auto en otra ciudad?
EMPLEADA	No, lo tiene que entregar aquí en Santiago, en la misma ciudad donde lo recibe. ¿Algo más?
TOMÁS	Sí. ¿Necesito pagar algún depósito?
EMPLEADA	Bueno, necesitamos su número de tarjeta de crédito.
TOMÁS	De acuerdo. ¿Tiene un auto disponible para mañana?
EMPLEADA	Sí, pero tiene que venir temprano para buscarlo.
TOMÁS	¿A qué hora?
EMPLEADA	A las ocho; si no, después es difícil conseguir uno.
TOMÁS	Bien. Entonces mañana a las ocho estoy allí.
EMPLEADA	De acuerdo. ¿El número de su tarjeta de crédito, por favor?...

Actividad 8: La novia de Juan. Juan habla con Laura sobre su novia. Mientras escucha la conversación, responde a las preguntas de tu manual de laboratorio.

LAURA   Oye, Juan. Hoy vi a tu novia Diana y te tengo que decir que es una persona muy simpática.

JUAN   Sí, es simpatiquísima.

LAURA   ¿Y ya la conocías antes de empezar a estudiar en la universidad?

JUAN   No, no la conocía. La conocí hace un mes en mi clase de cálculo.

LAURA   ¿En tu clase de cálculo? Veo que prestas mucha atención en la clase. ¿Y qué tal? ¿Se llevan bien?

JUAN   Bueno, bastante bien, pero hay un conflicto.

LAURA   ¿Conflicto? ¿Qué conflicto?

JUAN   Tiene una niña.

LAURA   ¿Y por qué es un problema?

JUAN   Es que yo no sabía que tenía una hija cuando empecé a salir con ella.

LAURA   ¿Y cuando lo supiste?

JUAN   Ayer.

LAURA   ¡¿Ayer?!

JUAN   Sí, vi a mi novia caminando por la calle con una niña que le decía "mami, mami".

LAURA   ¡Ay, Dios mío! ¿Y qué vas a hacer?

JUAN   No sé. Lo tengo que pensar.

Éste es el final del programa de laboratorio para el Capítulo 11. Escucha ahora las conversaciones del libro de texto.

Conversación: *De vacaciones y enfermo*

Conversación: *Si manejas, te juegas la vida*

Capítulo 12

MEJORA TU PRONUNCIACIÓN

Linking

In normal conversation, you link words as you speak to provide a smooth transition from one word to the next. In Spanish, the last letter of a word can usually be linked to the first letter of the following word, for example, **mis amigas, tú o yo.** When the last letter of a word is the same as the first letter of the following word, they are pronounced as one letter, for example, **las sillas, te encargo.** Remember that the *h* is silent in Spanish, so the link occurs as follows: **la habilidad.**

Actividad 1: Escucha y repite. Escucha y repite las siguientes frases idiomáticas prestando atención al unir las palabras.

1. el mal de ojo (#)
2. vale la pena (#)
3. qué hotel más lujoso (#)
4. más o menos (#)
5. favor de escribirme (#)

Actividad 2: En el restaurante argentino. Escucha y repite parte de la conversación entre Teresa y Vicente en el restaurante argentino.

TERESA ¡Qué chévere este restaurante argentino! (#) ¡Y con conjunto de música! (#)

VICENTE Espero que a la experta de tenis (#) le gusten la comida y los tangos argentinos (#) con bandoneón y todo. (#)

TERESA Me fascinan. (#) Pero, juegas bastante bien, ¿sabes? (#)

VICENTE Eso es lo que pensaba (#) antes de jugar contigo... (#)

MEJORA TU COMPRENSIÓN

Actividad 3: Los instrumentos musicales. Vas a escuchar cuatro instrumentos musicales. Numera cada instrumento que escuches.

1. *(Sound of a flute.)*
2. *(Sound of a violin.)*
3. *(Sound of drums.)*
4. *(Sound of a trumpet.)*

Actividad 4: En el restaurante. Una familia está pidiendo la comida en un restaurante. Escucha la conversación y marca qué quiere cada persona.

CAMARERO Bueno, ¿están listos para pedir?

MUJER Sí, creo que sí.

CAMARERO Bueno, ¿qué desean de primer plato?

MUJER Yo quiero unos espárragos con mayonesa y para el niño una sopa de verduras.

NIÑO No, yo no quiero sopa. No me gusta.

MUJER Bueno, entonces ¿qué quieres?

NIÑO No sé, esteeee... un tomate.

MUJER ¿Un tomate relleno?

NIÑO Sí, eso quiero. Un tomate relleno.

HOMBRE	Yo no quiero nada.
CAMARERO	Bien. ¿Y de segundo plato?
MUJER	Yo quiero ravioles.
CAMARERO	¿De ricota o de verdura?
MUJER	De ricota.
CAMARERO	¿Con qué tipo de salsa?
MUJER	Con salsa blanca.
CAMARERO	Bien. ¿Y para ti?
NIÑO	El tomate relleno.
CAMARERO	¿Pero no vas a comer nada más?
HOMBRE	No se preocupe; después si tiene más hambre, le pedimos otra cosa.
CAMARERO	Está bien. ¿Y Ud., señor?
HOMBRE	¿Cómo está el pollo al ajo?
CAMARERO	Está delicioso. Se lo recomiendo.
HOMBRE	Bien, entonces yo quiero medio pollo al ajo.
CAMARERO	¿Y para acompañar el pollo?
HOMBRE	¿Tiene alguna ensalada rica?
CAMARERO	Sí, tenemos ensalada criolla, especialidad del chef.
HOMBRE	Bueno, una ensalada criolla.
CAMARERO	Bien. Entonces para el niño un tomate relleno, para Ud., señora, unos espárragos y luego de segundo plato los ravioles con salsa blanca y para el caballero medio pollo con ensalada criolla. ¿Algo más?
HOMBRE	No, eso es todo.
CAMARERO	Bien. Ahora vengo a tomarles el pedido de las bebidas.
HOMBRE	Está bien.

Actividad 5: La dieta Kitakilos. *(a)* Mira los dibujos de María antes y después de la dieta del Dr. Popoff. Para la cinta o el CD y escribe debajo de cada dibujo dos adjetivos que la describan. Imagina y escribe también dos cosas que ella puede hacer ahora que no hacía antes.

(b) Ahora escucha un anuncio comercial sobre la dieta del Dr. Popoff y escribe dos cosas que hacía María antes de la dieta y dos cosas que hace después de la dieta. No es necesario escribir todas las actividades que ella menciona.

Antes yo no hacía nada. Miraba televisión todo el día, fumaba veinte cigarrillos por día, comía muchísimo, no era activa, no salía mucho. Ahora, gracias al sistema dietético del Dr. Popoff, soy activa, no tengo hambre todo el tiempo, voy a bailar y puedo comprarme ropa. Todo esto gracias a la dieta del Dr. Popoff.

Actividad 6: La isla Pita Pita. Escucha la descripción de la isla Pita Pita y usa los símbolos que se presentan y los nombres de los lugares para completar el mapa incompleto. Los nombres de los lugares que se mencionan son **Blanca Nieves, Hércules, Mala-Mala, Panamericana** y **Pata.**

Esta isla es muy pequeña. En el norte de la isla está el volcán Hércules, y en el centro del país está la capital de la isla, que es la ciudad Pata. Esta ciudad está conectada con la ciudad de Mala-Mala, que está en el suroeste del país, por la carretera Panamericana. Esta carretera es muy moderna. En el noreste, a dos horas en auto del volcán, tenemos el increíble bosque de Blanca Nieves.

Actividad 7: Visite Venezuela. ¿Sabes cuáles de los lugares de la lista pertenecen a Venezuela y cuáles no? Escucha el anuncio comercial sobre Venezuela y marca sólo los lugares que pertenecen a ese país.

Visite Venezuela. En nuestro país tenemos una gran variedad de vegetación y un clima maravilloso. Debe ver la increíble catarata el salto Ángel, que es la catarata más alta del mundo. También puede disfrutar de nuestras hermosas playas como La Guaira o tomar un barco y visitar las islas Los Roques. Nuestras ciudades le sorprenderán. Mérida, fundada en 1558, es una ciudad universitaria con un ambiente colonial y Ciudad Bolívar, la ciudad más grande después de Caracas, es también una ciudad colonial. Venga a Venezuela y conozca este bonito país. No se arrepentirá.

Actividad 8: Las tres casas. *(a)* Llamas a una inmobiliaria para obtener información sobre tres casas y te contesta el contestador automático. Escucha la descripción de las casas y completa la tabla.

Buenas tardes, Inmobiliaria Vendetuti. Nuestra oficina ya está cerrada. Pero no importa. Tenemos para ofrecerle hoy una preciosa casa de 250 metros cuadrados con tres dormitorios, ideal para una familia con dos niños. Esta casa se construyó en el año 1981. ¿Su precio? Sólo 350.000,00 dólares. Luego, tenemos otra casa muy similar pero con dos dormitorios y con una superficie de 225 metros cuadrados. Es del año 1988 y cuesta 425.000,00 dólares. Por último tenemos una joyita. Ésta es una casa de cuatro dormitorios con dependencia de servicio y es bastante nueva. Se terminó de construir en 2003, tiene una superficie de 355 metros cuadrados y cuesta tan sólo 773.000,00 dólares. Si quiere más información, llámenos mañana al 852-26-32 y lo atenderemos como a un amigo.

(b) Ahora mira la tabla y escucha las siguientes oraciones. Marca **C** si son ciertas o **F** si son falsas.

1. La casa número 1 es la más grande.
2. La casa número 3 es más pequeña que la casa número 2.
3. La casa número 2 tiene más dormitorios que la casa número 1.
4. La casa número 2 es la más barata.
5. La casa número 1 es más vieja que la casa número 2.

Éste es el final del programa de laboratorio para el Capítulo 12. Escucha ahora las conversaciones del libro de texto.

Conversación: *¡Qué música!*

Conversación: *La propuesta*

Lab Manual Answer Key

Capítulo Preliminar

Mejora tu pronunciación

Actividad 1: Escucha y subraya. *(a, b)*
1. Pa-na-<u>má</u>   2. Bo-go-<u>tá</u>   3. <u>Cu</u>-ba   4. Ve-ne-<u>zue</u>-la
5. <u>Mé</u>-xi-co   6. Ma-<u>drid</u>   7. Te-gu-ci-<u>gal</u>-pa
8. A-sun-<u>ción</u>

Actividad 2: Los acentos. *(a, b)*   1. o-fi-<u>ci</u>-na
2. di-rec-<u>tor</u>   3. pa-<u>pel</u>   4. dis-cu-<u>sión</u>
5. te-<u>lé</u>-fo-no   6. bo-<u>lí</u>-gra-fo   7. se-cre-<u>ta</u>-rio
8. ins-truc-<u>cio</u>-nes

Mejora tu comprensión

Actividad 3: La fiesta.   1. formal   2. informal
3. informal

Actividad 4: ¿De dónde eres?   1. Ecuador
2. Guatemala   3. Uruguay

Actividad 5: ¡Hola! ¡Adiós!   1. saludo
2. despedida   3. saludo

Actividad 6: La entrevista.   1; 4; 3; 2

Actividad 7: Las capitales.   1. San Salvador
2. Madrid   3. Washington, D.C.   4. Lima
5. Santiago

Actividad 8: Las órdenes.   Top row: 2; 4
Bottom row: 1; 3

Actividad 9: Las siglas.   1. IBM   2. CBS
3. HBO   4. BBC   5. RCA   6. CNN

Actividad 10: ¿Cómo se escribe?   1. Obuljen
2. Gunterberg

Capítulo 1

Mejora tu comprensión

Actividad 4: Guatemala.   The numbers should be
connected in the following order: 4; 7; 47; 50; 60; 68; 67;
95; 94; 72; 62; 53; 33; 35; 13; 14; 4.

Actividad 5: Los números de teléfono.
1. 234-9788   2. 3-58-92-02   3. 837-0422

Actividad 6: ¿Él o ella?   1. — √   2. √ —
3. √ —

Actividad 7: En el tren.   3; 1; 4; 2

Actividad 8: La conversación.   A. Se llama
Marcos. 6;   B. Soy el Sr. Ramírez, ¿y Ud.? 2;   C. ¿De
Chile también? ¿Y cómo se llama? 5;   D. Mi amigo es de
Chile también 4;   E. No, es de Concepción. 8;
F. ¿Cómo se llama Ud.? 1;   G. ¿Es de la capital él 7;
H. Soy la Srta. Pérez de Chile. 3

Actividad 9: En el hotel.   *NOMBRE:* María
Schaeffer   *OCUPACIÓN:* dentista   *DIRECCIÓN:* Calle 5,
número 232   *Ciudad:* Managua   *País:* Nicaragua
Apartado postal: 141   *TELÉFONO:* 274-89-70

Actividad 10: Los participantes.   *Francisco:*
chileno; ingeniero; 25   *Laura:* boliviana; abogada; 28
Gonzalo: guatemalteco; comerciante; 30   *Andrea:*
mexicana; estudiante; 25

Capítulo 2

Mejora tu comprensión

Actividad 4: La perfumería.   1. —   2. uno
3. —   4. más de uno   5. uno   6. más de uno   7. —
8. más de uno   9. —

Actividad 5: El baño de las chicas.   1. toalla:
Diana   2. perfume: Marisel   3. pasta de dientes:
Marisel   4. jabones: Claudia y Teresa   5. kleenex:
Claudia

Actividad 6: ¿Hombre o mujer?   1. — √
2. — √   3. √ —   4. √ —

Actividad 7: El mensaje telefónico.   1. Esteban
2. Esteban   3. Carina   4. Carina

Actividad 8: El regalo de cumpleaños.   *(a)*
escritorio, silla, toalla   *(b)* una lámpara

Actividad 9: La agenda de Diana.   *(a)* Answers
will vary. For example: 1. Voy a hablar con Roberto.
2. Voy a estudiar español.   *(b) viernes:* 3:00 P.M.—
examen de literatura   *sábado:* ir a la fiesta de Marisel;
llevar Coca-Cola   *domingo:* ir a Toledo

Actividad 10: La conexión amorosa.   Óscar
Varone

Capítulo 3

Mejora tu pronunciación

Actividad 2: Escucha y marca la diferencia.
1. caro   2. corro   3. ahorra   4. cero

Mejora tu comprensión

Actividad 4: ¿Dónde? 1. — 2. b 3. a 4. —
5. c 6. d

Actividad 5: Mi niña es... Drawing number 1 shows the child that the father is looking for.

Actividad 6: Su hijo está... *En general, él es* bueno, inteligente, simpático. *Pero, esta semana él está* aburrido, cansado, antipático.

Actividad 7: La conversación telefónica.
1. Se llama 2. Estudia 3. Estudia en 4. Es 5. Sí; están 6. Él 7. Es 8. (Estoy) bien 9. Sí, estudio 10. Trabajo 11. Está

Actividad 8: Intercambio estudiantil.
Teléfono: 4-654-67-39 *Edad:* 23 *Ocupación:* estudiante (de computación) *Gustos:* leer ciencia ficción; correr con sus amigos; la música rock; ir a conciertos de rock; salir con sus amigos a bailar y a comer *Preferencia de nacionalidad:* estadounidense o canadiense

Actividad 9: Las descripciones. *(a)* Answers will vary somewhat. For example: 1. artística, simpática, optimista 2. pesimista, intelectual, serio *(b)* 1. artística, optimista, inteligente, simpática 2. tímido, intelectual, pesimista, serio

Actividad 10: El detective Alonso. First row: 6; 1; 2 Second row: 3; 5; 4

Capítulo 4

Mejora tu comprensión

Actividad 3: Los sonidos de la mañana.
Answers will vary. For example: 1. Está escuchando la radio. / Se está levantando. 2. Está haciendo ejercicio. 3. Está lavándose la cara. / Está lavándose las manos. / Está bañandose. 4. Está duchándose.

Actividad 4: El tiempo este fin de semana. *(a, b) Buenos Aires:* (rainy symbol) 10° *La Pampa:* (windy symbol) 8° *Bariloche:* (snowy symbol) –15° *Tierra del Fuego:* (windy symbol) –20° *Jujuy:* (sunny symbol) 20° *Cataratas del Iguazú:* (rainy symbol) 16° a 20°

Actividad 5: La identificación del ladrón.
Drawing should show a bald man with a short stubble of a beard, and a Groucho Marx–style mustache. He should have very big ears, a big nose, very small eyes, and a big mouth with large teeth.

Actividad 6: Celebraciones hispanas. *(a)* 1. 2 de noviembre 2. 28 de diciembre 3. 20 de julio 4. 6 de enero *(b)* a. 3 b. 2 c. 1 d. 4

Actividad 7: ¿Conoces a ese chico? Miguel *(man dancing)*/sabe bailar salsa; Carmen *(woman with long hair eating)*/conoce Machu Picchu; Ramón *(short man in front)*/conoce a Shakira; Begoña *(woman in back of room)*/sabe tocar la guitarra; Mónica *(woman dancing)*/conoce a todas las personas de la fiesta

Actividad 8: La entrevista. The following notebook entries should be crossed out: se levanta tarde; hace gimnasia en un gimnasio; estudia sus libretos; va al cine.

Capítulo 5

Mejora tu comprensión

Actividad 3: ¿Qué acaban de hacer? 1. a 2. b 3. b

Actividad 4: El cine. *La historia oficial Horario:* 3:00, 5:15, 7:30, 10:00; *Precio:* $50, $36 (matinée) *La mujer cucaracha Horario:* 4:45, 8:00, 10:30; *Precio:* $45 (matinée)

Actividad 5: Las citas del Dr. Malapata. (1) *Paciente:* Sra. Gómez; *Fecha:* (miércoles) 16 de agosto; *Hora:* 3:30; *Fecha de hoy:* 11 de julio (2) *Paciente:* Sr. Kleinburd; *Fecha:* (viernes) 15 de julio; *Hora:* 8:45; *Fecha de hoy:* 11 de julio

Actividad 6: Las sensaciones. Aníbal: 1; 3 Dora: 2; 6

Actividad 7: Ofertas increíbles. chaquetas de cuero, cinturones de plástico, faldas de seda, trajes de baño de algodón

Actividad 8: La fiesta. *(a)* Answers will vary. For example: 1. Una mujer está bebiendo una Coca-Cola. 2. Dos hombres están hablando. 3. Una mujer está hablando con un hombre. 4. Una mujer está fumando. *(b) and (c)* The following people in the drawing should be labeled: **Mariana** (abogada) is the woman wearing a striped skirt and drinking Coca-Cola. **Pablo** (profesor) is the man sitting on the couch who does not have a mustache. **Lucía** (estudiante) is the woman wearing dark pants and a scarf around her shoulders who is drinking. **Fabiana** (estudiante) is the woman wearing dark pants and a scarf around her shoulders who is standing alone and smoking.

Actividad 9: Los fines de semana. *(a)* Answers will vary. For example: 1. Estudio español. 2. Salgo con mis amigos. 3. Juego al tenis. *(b) Pedro:* 2; 3; 5; 6; 8; 9; 10 *Mario:* 1; 5; 7; 8

Capítulo 6

Mejora tu comprensión

Actividad 4: El gran almacén. The drawing should be marked with the following prices: jackets $98.800; skirts $23.200; blouses $26.000; bathing suits $32.900; neckties $13.100.

Actividad 5: Los premios. *(a)* Answers will vary. *(b)* Mercedes Benz: $35.000, viaje a Costa Rica: $1.200, reproductor de DVD: $350, cámara digital: $490, chaqueta de cuero: $280

Actividad 6: La habitación de Vicente. The drawing should show the following words: medias (under the bed); teléfono (under the chair); libros (on top of the bed); periódico (behind the computer).

Actividad 7: ¿Presente o pasado? 1. pasado 2. presente 3. presente 4. pasado

Actividad 8: El fin de semana pasado. *(a)* Answers will vary. For example: 1. Hablé con Pedro. 2. Visité a mi abuela. 3. Fui a la biblioteca. *(b)* Raúl: 2, 3, 4, 9, 10. Alicia: 1, 5, 6, 7, 8.

Actividad 9: La familia de Álvaro. First row: X; X; Héctor; Susana Second row: Tomás; Marta Third row: Juan José; Patricia; Álvaro Fourth row: Flavia

Actividad 10: Una cena familiar.
      Héctor   Flavia   Juan José
Marta   *Tomás*
      Susana   Patricia   Álvaro

Actividad 11: El matrimonio de Nando y Olga. *(a)* Answers will vary. 1. Carlos 2. Olga 3. traje 4. Carlos 5. padres (Nando) 6. padres (Nando). *(b)* 1. Carlos llamó al padre de Nando. 2. La Sra. Montedio le hizo un vestido a su hija. 3. La mamá de Nando le alquiló un traje a su hijo. Nadie les regaló una cámara de video a los novios. 5. Los padres de Nando les regalaron un viaje. 6. Los novios llamaron a los padres de Nando desde la República Dominicana.

Capítulo 7

Mejora tu comprensión

Actividad 4: ¿Qué es? 1. una blusa 2. unos pantalones 3. unos DVDs

Actividad 5: Un mensaje para Teresa. *Para:* Teresa *Llamó:* Vicente *Teléfono:* 287-45-09 *Mensaje:* Llamar a casa de Álvaro. *Recibido por:* tío Alejandro *Fecha:* 6 de septiembre *Hora:* 2:00 P.M.

Actividad 6: La operadora. 1. Maracaibo, Venezuela; llamada a cobro revertido 2. Santiago, Chile; el indicativo

Actividad 7: Las excusas. 1. b 2. a 3. d 4. e

Actividad 8: Aeropuerto Internacional, buenos días. (1) Iberia; 952; Lima; 9:50; a tiempo (2) TACA; 357; Tegucigalpa; 12:15; con retraso (3) LACSA; 904; NY/México; 14:35; con retraso

Actividad 9: Answers may vary. For example: 1. ex terrorista, salió de la prisión, estuvo en la prisión diez años 2. director de cine, se casó en secreto 3. actor, fue papá, su esposa tuvo un hijo a los 29 años 4. Sara Méndez, murió en un accidente de auto

Actividad 10: ¿Cuánto tiempo hace que... ? Answers will vary. For example: 1. Hace... años que estudio en esta universidad. 2. Hace... años que terminé la escuela primaria. 3. Hace... años que vivo en esta ciudad. 4. Se llama... y hace... que lo/la conozco.

Capítulo 8

Mejora tu comprensión

Actividad 3: El crucigrama 1. aspiradora 2. cafetera 3. lavadora 4. lavaplatos 5. tostadora

Actividad 4: En busca de apartamento.
¿Alquiler?: $2.575 ¿Depósito?: $1.200
¿Amueblado?: No (, pero tiene una cocina de gas).
¿Teléfono?: No. ¿Dirección?: San Martín 8963.
¿Piso?: Séptimo (piso), (apartamento) C.

Actividad 5: ¿Dónde ponemos los muebles?

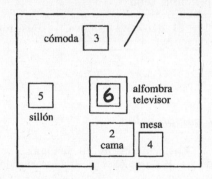

Actividad 6: En el Rastro. 1. falso 2. cierto 3. falso 4. cierto 5. falso 6. cierto

Actividad 7: Radio consulta. *(a)* 3 *(b)* Answers will vary. *(c)* 3; 5; 6

Actividad 8: El dictáfono. 1. P 2. P 3. J 4. J 5. P 6. J 7. P

Actividad 9: Busco un hombre que... *(a)* Answers will vary. *(b)* que salga por la noche, que sepa bailar, que sea simpático

Capítulo 9

Mejora tu comprensión

Actividad 3: ¿Certeza o duda? 1. certeza 2. duda 3. duda 4. certeza

Actividad 4: Mañana es día de fiesta.
Answers will vary. For example: 1. ... vaya a la playa.
2. ... prepare unos sándwiches.   3. ... podamos comer
en un bar.   4. ... venga Pablo; venga un amigo de Pablo.

Actividad 5. Mi primer trabajo.   (1) Tenía 20
años   (2) Eran las ocho y media   (3) trabajé por él
(4) Era la una

Actividad 6: El horario de Nélida.   1. 12:00
(medianoche)   2. 12:30   3. 12:25   4. 12:40
5. 1:10

Actividad 7: Las compras.   *Tienen:* 3; 6
Necesitan comprar: 1; 2; 4   *Van a pedir prestado:* 5

Actividad 8: La receta de doña Petrona.   First
row: 1; —; —; 3   Second row: 2; 4; —; 5

Actividad 9: Cómo poner la mesa.   Plate should
be in the center of the place mat, fork should be to the left,
and knife to the right. Soup spoon should be to the right
of the knife. Wine glass should be above the knife and
water glass should be to the left of the wine glass. Above
the plate there should be a dessert spoon. Napkin should
be either on top of the plate or under the knife and spoon.

Actividad 10: Cuando estudio mucho.
(a) Answers will vary. For example: 1. Me gusta leer
novelas.   2. Me gusta mirar televisión.   3. Me gusta
hablar con mis amigos.   *(b)* 1. Le gusta nadar.
2. Le gusta arreglar el carro y leer.   3. Le gusta tejer y
mirar televisión.

Actividad 11: El viaje a Machu Picchu.
1. falso   2. cierto   3. cierto   4. falso   5. falso

Capítulo 10

Mejora tu pronunciación

Actividad 3: ¿Diptongo o no?   1. sí   2. sí
3. no   4. sí   5. no   6. sí

Mejora tu comprensión

Actividad 4: Los preparativos de la fiesta.
1. a   2. b   3. b   4. b   5. a   6. a

Actividad 5: ¿Le molesta o le gusta?   1. a
2. a   3. b   4. b

Actividad 6: Tengo correo electrónico.
betina1@pueblonatal.com.mx;
http://www.excelsior.com.mx

Actividad 7: Los testimonios.   The center
drawing shows the thief.

Actividad 8: Un mensaje telefónico.   *Mensaje:*
Estoy bien Compré los zapatos Buenos días
Mensaje secreto: Lo deposité en Suiza.

Actividad 9: El accidente automovilístico.
(a) Answers will vary.   *(b)* 1. lloraban   2. ayudaban
y revisaban a los niños   3. miraban   4. controlaba
el tráfico

Actividad 10: Los regalos.   1. *Miguel:* una raqueta
de squash   2. *Felipe:* unos esquíes   3. *Ángeles:* un par
de patines en línea   4. *Patricia:* unos esquíes

Actividad 11: Diana en los Estados Unidos.
1. C   2. F   3. C   4. F   5. F   6. F

Capítulo 11

Mejora tu comprensión

Actividad 3: No me siento bien.   *(a) El hombre:*
dolor de cabeza   *La niña:* náuseas   *Adriana:* dolor de
garganta   *(b) El hombre:* dormir, relajarse   *La niña:* no
comer nada por una hora   *Adriana:* beber un té caliente,
no hablar mucho

Actividad 4: La conversación telefónica.
2; 3; —; 4; 1

Actividad 5: La fiesta inesperada.   c; b; e; d; a

Actividad 6: Problemas con el carro.   The
following parts of the car should be marked with an **X**:
front windshield, door on the driver's side, rear lights

Actividad 7: Quiero alquilar un carro.
Por semana: $165.000   *Día extra:* $26.500
¿Seguro incluido? No.   *¿Cuánto?* $16.000 por día
¿Depósito? No. (Número de tarjeta de crédito.)
¿Puedo devolver el carro en otra ciudad? No.
¿A qué hora debo devolverlo? Antes de las doce de la noche
(del día de entrega).

Actividad 8: La novia de Juan.   1. No, no la
conocía.   2. La conoció hace un mes en su clase de
cálculo.   3. No sabía que ella tenía una hija.   4. Ayer
vio a Diana en la calle con una niña.   5. No sabe.

Capítulo 12

Mejora tu comprensión

Actividad 3: Los instrumentos musicales.
3; 2; —; 4; 1

Actividad 4: En el restaurante.   *Cliente No. 1:*
espárragos con mayonesa; ravioles   *Cliente No. 2:* medio
pollo al ajo; ensalada criolla   *Cliente No. 3:* tomate
relleno

Actividad 5: La dieta Kitakilos. Answers will vary somewhat. For example: *(a) Antes:* gorda; fea *Después:* delgada; bonita; nadar; esquiar *(b) Antes:* Fumaba; miraba televisión. *Después:* Se compra ropa; baila.

Actividad 6: La isla Pita Pita. The completed map should show the following: Hércules (volcano symbol) is in the north. Pata (city symbol) is in the middle of the island. Mala-Mala (city symbol) is in the southwest. The Panamericana highway (highway symbol) connects the cities of Pata and Mala-Mala. Blanca Nieves (forest symbol) is to the east of Hércules.

Actividad 7: Visite Venezuela. The following places should be checked off: salto Ángel, Ciudad Bolívar, Mérida, islas Los Roques, playa de La Guaira.

Actividad 8: Las tres casas. *(a) Casa 1:* 250; 3; 1981; $350.000 *Casa 2:* 225; 2; 1988; $425.000 *Casa 3:* 355; 4; 2003; $773.000 *(b)* 1. F 2. F 3. F 4. F 5. C